随筆

上方芸能ノート

落語
漫才
興行

戸田学

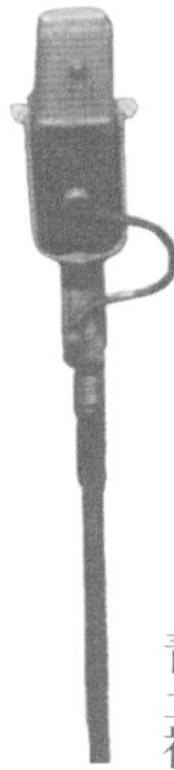

青土社

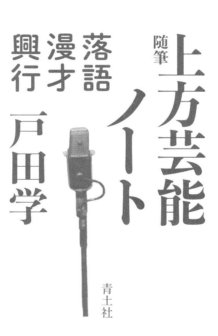

随筆　上方芸能ノート――落語・漫才・興行　目次

上方落語史上の人々

上方落語の人々

上方漫才と諸芸、文化の人々

上方の興行史上の人々

大阪、神戸の映画館その他

随筆　上方芸能ノート――落語・漫才・興行

上方落語史上の人々

笑福亭松鶴と桂米朝

深い深い因縁

桂米朝は六代目笑福亭松鶴のことを次のように記している。

〈深い深い因縁です。今さら、泣いても笑ってもボヤいてもわめいてもどうしようもない仲〉（「六代目松鶴個点語典」昭和五四年一月）。

「深い深い因縁」――戦後上方落語復興をリーダーとして成し遂げた二人は、他人からは窺い知れない関係で結ばれていたのであろう。

桂米朝が初めて聴いた「笑福亭松鶴」は、六代目松鶴の実父の五代目松鶴であった。『播州めぐり』ほか何席かをラジオで聴いた。

昭和一一年四月、五代目松鶴は、衰退する上方落語界を憂いて、大阪市東成区片江町四一八の自宅を「楽語荘」と名づけ、その機関誌として雑誌『上方はなし』（全四九冊）を自費で発行する。昭和一二年二月に所属していた吉本興業でいちばんよい待遇を受けていたにも拘わらず、退社し、同志たちとともに各地で「上方落語を聴く会」といった自主公演の落語会を開催して復活の機縁を待つ。この活動を女房役とも番頭ともいえるスタンスで、二人三脚での行動をした落語家がその後、桂米朝の師匠となる四代目桂米団治であった。この五代目松鶴と四代目米団治の関係が、そのまま戦後の六代目松鶴と桂米朝の関係となる。つまり戦後に成される上方落語復興の偉業は、この師弟の仕事がそれぞれ同じ形で継続されたことに尽きる。

笑福亭松鶴、桂米朝の出会い

さて、桂米朝である。米朝が初めて五代目松鶴に会ったのは、彼の師匠である作家で寄席文化研究家・正岡容《いるる》の紹介によってであった。

かつて一時的に大阪に在住、活動をしていた正岡は、上方落語の衰退を憂いていた。当時、上方落語を潰した男と思われていた吉本興業の林正之助に対して——この時代ほとんどの大阪の寄席小屋を吉本は傘下に収めていた——、せめて小さな落語席ぐらいは、上方落語のために小興行師へ返して欲しいとする「上方落語談叢」と題した一文まで記している。

昭和一八年五月、偶然に東京都豊島区巣鴨7－1650の正岡宅を発見した一七歳の中川清（桂米朝）は、そのまま正岡の門下生となる。やがて、正岡は上方落語の復興をこの青年に託した。大東文化学院（大東文化大学）在学中の彼が夏休みに故郷の姫路へ帰省すると告げると、正岡は、五代目松鶴と落語研究家の渡辺均に会うように命じ、それぞれ宛てへの紹介名刺を書いて中川に渡した。五代目松鶴には、昭和一八年七月二八日付消印で、大塚鈴本演芸場で開催（七月三一日）する初代相模太郎独演会の案内ハガキの余白に〈小生の名刺を携へ、落語研究家中川君が参上したら、御指教下さい。わかい学徒で熱心の仁に候。（略）おたのみ迄。〉と記し、送付している。

中川が大阪市南区南炭屋町の渡辺均の自宅を訪ねると、渡辺は留守であった。初対面はその後になる。五代目松鶴の自宅へ行くと、松鶴は褌に肌襦袢一枚という姿で家の前へ水を撒いていた。

この時代、吉本の看板であった二代目桂春団治は、昭和一八年三月に、花月劇場の番組広告の漏名騒ぎで揉め、吉本に縁切り状を出した。落語の看板を失った吉本は、五代目松鶴に吉本復帰を呼びかけ、昭和一八年五月から劇場へ復帰していた。中川清が訪ねた頃の松鶴は、そういう時代であった。

彼は二階へ通され、着替えてきた松鶴といろいろと話し、やがて「こんなん知ってるか?」と、雑誌『上方はなし』の端本を渡された。初めて見た雑誌であった。のちに東京の正岡宅に創刊号以外は揃っていた『上方はなし』を借りては読み、覚えるほどに文章を読み込む。

松鶴から「うちの息子や」と紹介されたのが、竹内日出男――のちの六代目笑福亭松鶴であった。当時は、父親のマネージャー的な仕事をしており、噺家になる気などはなかった。のちの上方落語復興の立役者の六代目松鶴と米朝は、この時になんとなく出会っている。五代目松鶴に会いに行った中川にとっては、このときの日出男は、ただ側にいてるだけの存在であった。

それからの中川は、懇意になった松鶴を劇場楽屋などに訪ね、時間が許せば話をした。

正岡容は、中川清に噺家の道へ進むことを勧めたが、戦争中のことであり、召集を覚悟していた彼は思いを断念していた。

昭和二〇年二月、召集が決まったことを、大阪北区の花月倶楽部の楽屋で五代目松鶴に告げると、「ほたら今日は、君が聴いたことがない噺をやろうか」といって、『牛の丸薬』をしゃべってくれた。初めて聴いた演目であった。

戦後、五代目松鶴の家を初めて訪ねたのは、昭和二〇年一一月のことである。大阪歌舞伎座での二代目市川猿之助（初代猿翁）の公演を見た帰りに、松鶴宅を訪ねた。

この時、「米之助が今度、米団治になったんや」と松鶴から四代目米団治を初めて紹介された。桂米之助は、師匠の三代目桂米団治が昭和一八年一〇月二九日に亡くなったため、四代目米団治を一応襲名したが、戦中の折、お披露目などは出来ていなかった。楽語荘主催「上方はなしを聴く会」の出番等にはこのころから「米之助改め桂米団治」と出ているが、正式の襲名披露をしたのは、昭和二一年一〇月一三日、大阪・天満天神社境内参集所での「第三回上方はなしを聴く会」のことで、五代目松鶴、初代桂春輔が口上に並んだ。

正岡容の元にも「上方はなしを聴く会」等の案内状が届いていた。「上方もぼちぼち落語会をやりだした。お前もやったらどうだ？」と、中川に再び落語家への道を正岡は勧めた。

中川清は、五代目松鶴を訪ね、故郷・姫路での「上方はなしを聞く会」開催を申し出ている。のちに「姫路上方落語を聴く会」と題された落語会は、昭和二一年六月一六日から始まる。彼はこの会では、正岡の東京・大塚鈴本での自主公演「寄席文化向上会」同様に、解説も受け持った。また、この頃から竹内日出男とたびたび会うようになる。

若手落語家の入門

戦後、衰退した上方落語界は、若い後継者を求めていた。五代目松鶴は、まず落語ファンで熱心に通ってくる矢倉悦夫（桂米之助）に目をつけた。彼は息子の日出男とも仲が良い。矢倉悦夫を噺家にすることで一緒に日出男が噺家になってくれることを望んだ。そして、二人は米団治の元で落語の稽古をすることになる。米団治は落語を基礎から教えた。

一方、九州で旅巡業をしていた二代目桂春団治の長男・河合一（三代目桂春団治）が、倒れた前座の穴埋めとして出演し、父への入門を希望していた。

昭和二一年一〇月二日からは、大阪市南区難波の精華小学校内にある大阪文化会館で「大阪落語を聴く会」が始まっており、これらの会に目をつけた松竹・白井松次郎が、四ツ橋文楽座での落語会開催を提唱する。交渉役は、竹内日出男である。翌二二年二月の実験公演を経て、三月から「上方趣味・大阪落語の会」が開催される。九月までの都合六回開催されたこの落語会の成功が、戦後初の演芸場「戎橋松竹」（昭和二二年九月一一日―三二年一月三一日）の開場へとつながってゆく。

八月に開催された第五回「上方趣味・大阪落語の会」の楽屋で矢倉悦夫は、竹内日出男から「姫路の中川さんや」と中川清を紹介されている。以後、矢倉悦夫と中川清は親友となる。

さて、竹内日出男は、その時代に中川清のことをどう見ていたのか。日出男は話している。

〈その時、米朝君は東京の学校へ行ってて、正岡容の門を叩きまして、落語研究家ちゅうのでね、えらそうにいうて大阪へ来てね、「大阪落語もなんですなあ」とか何とかいうて、「僕もちょっとくらい落語をやるんですよ」言うてね。どぶ酒飲んではえらそうにね、『くしゃみ講釈』三十五分も演りよる――。またその時分から小器用な、ものすごう頭のエエ人間でっさかいね、声色もやるし何でもやる。〉

正岡容は東西ともに幕内での信用があった。中川清は正岡門下ということで、一種特別な目で見られていた。日出男にしては「学士上がり」という見方もあったであろうが、漫才師を含めて古老などは「大阪の落語はいずれあの男がなんとかするだろうな」という見方もあった。むろん、これは中川清が桂米朝になってからの話である……。

矢倉悦夫が勤めていた大阪市交通局の同僚で、長谷川多持（五代目桂文枝）という青年が、矢倉に踊りを習いたいと相談してきた。日出男に相談すると、「騙して噺家にしろ！」と悪知恵をつけ、踊りの師匠でもあった四代目桂文枝にも、その旨を含んで紹介した。少しずつ噺家の若手が増えつつあった。

日出男は中川清にも「噺家になれ！」「うちの親父に弟子入りせえ！」と勧めたが、中川清自身は、矢倉悦夫が正式に四代目桂米団治に入門したのが奮起となって彼も米団治に入門することを思い立つ。親しかった五代目松鶴ではなく、米団治に入門したのは、やはり職人肌の松鶴より、学術的で感性が中川清と合った、また、五代目松鶴の持ちネタにない珍しい噺を持っていた、というような理由も挙げられるが、本人もいうように運命的な「縁」というものがあったのであろう。のちに、正式入門した中川清は、桂米朝の芸名を受ける。「桂米朝」は、四代目米団治の師匠・三代目桂米団治の前名で、三代目は「桂米朝」で大いに売り出した。

竹内日出男は、笑福亭松之助（初代）の芸名で、昭和二二年五月、大阪・今里にある双葉館（二葉館とも）に於いて、前座噺『東の旅』で初舞台を踏んだ。

それに比して、桂米朝は、同年一〇月に大阪・曽根崎新地の大阪文化教室で、聞き覚えの大ネタを米団治に手直ししてもらった『高津の富』で初舞台を踏んだ。この時、トップは米之助の『東の旅』で、米朝は二つ目での初舞台だった。のちに六代目松鶴は、そのことを皮肉っている。

〈その時分から、米朝ちゅうのは出て、『高津の富』をやったりね。稽古も何もせんとね〔これは松鶴の思い違い〕、『高津の富』を堂々と金を取って喋ってました。これは大したもんですが、「ええかげんに下ろしいな」ちゅうてね。あと次に出る人がね、「こんなもん入れ込みでやられたら、あと演られへん」。今みたいにまだ技術もなにも、ただもう器用にしゃべるちゅうだけで、お客さんを笑わすことなにも、ダレてても解らんとしゃべってた時代でっさかいにね。〉

タイプの異なる御神酒徳利

大正七年八月生まれの六代目松鶴と、大正一四年一一月生まれの米朝とは、七歳の年齢差がある。米之助は、昭和三年生まれ、五代目文枝、三代目春団治に関しては、昭和五年生まれで松鶴よりも一回り下の午年でまだ一〇代であった。

自然、幕内としての経験もあった年長者の松之助（松鶴）が若手のリーダー格となる。そしてその相談役として、インテリの米朝がいた。

講談の唯一の若手であった旭堂小南陵（三代目旭堂南陵）は、大正六年生まれで、松之助より一つ年上であった。その小南陵が、夕刊紙『新大阪新聞』の学芸部長・奥野しげるから「落語の新人会」を開催したいと相談を受け、松之助に相談、すぐにメンバーの召集にかかった。会場は新大阪新聞社のある岡島会館屋上の講堂である。

毎月の例会とは別に「大阪落語新人会」は、各地で落語会を開催してゆく。のちに三代目旭堂南陵は書いている。

〈松鶴は興行師としても天才で、あの困難な時代に東奔西走、大阪府下に点在する寄席小屋と契約して、漫才にも手伝ってもらい、私どもは空き腹を抱えて走った。落語家になったが松鶴は興行師としても偉大な才能を持った男だと私は思っている〉。

のちに落語家としても頭角を現す六代目松鶴は、資料・文献への目配り、プロデューサーとしての才覚など、芸風が違うが、盟友の桂米朝とよく似た資質を実は有していた。もし米朝なかりせば、松鶴がある程度の落語研究を世に問うていた可能性も無きにしも非ずだ。しかし、桂米朝が優れた学者として存在していたので、松鶴は自らの伝説づくりに励む。芸風的には、大阪の土着的な松鶴に対して、米朝は都会的であった。

昭和二三年元旦、松之助は、笑福亭光鶴と改名した。父・五代目松鶴が名のっていた前々名だ。この年、大阪市旭区森小路の西畑栄太郎主宰の「好尚会・大阪落語新人会」や戎橋松竹での「戎松日曜会〜落語新人会」などが始まり、各新人が大いに演目の研鑽に励むことになるが、そんななか、小春であった春団治、あやめであった五代目文枝が、立花家花橘から同じ演目を稽古してもらってきたことがある。光鶴は怒った。「なんちゅうもったいない、無駄な事をする！　手分けして覚え。そしたら二つネタが残るやないか！（師匠連は）いつ死ぬや分からへんねんで！」。危機感があった。その反面、光鶴は当時合法で幕内で流行っていたヒロポンに溺れた。米朝の方は、錠剤は試してみたが、元来注射が嫌いだったので常用にはならなかった。

秋には、「落語新人会」のグループ名が米朝が提案した「さえずり会」に満場一致で決まった。さえずり会の面々は、戎橋松竹の出番を巡って分裂した五代目松鶴派と二代目春団治派を彼らの奔走によって、関西演芸協会（昭和二四年四月二三日設立）として大同団結させたりもした。彼らは赤貧洗うが如しの生活であったが、上方落語の継続を目標に活動した。「私」より「公」を優先したのである。

上方落語の衰退と復興

しかし、昭和二三年、初代桂春輔、二五年、五代目松鶴、二六年、花橘、米団治、二七年には二代目林家染丸といった大看板が次々に亡くなる。その間、二六年一二月から「三越落語新人会」(その後「三越落語会」へと発展)、二七年三月からは、阪急東宝グループ創始者・小林一三の肝入りによる「宝塚若手落語会」が始まり、上方落語界そのものが「落語新人会」のメンバー中心に活動してゆく時代に入ってゆく。

新聞の論調にも、一〇年後は、光鶴、福団治(三代目春団治)、米朝が上方落語の軸になっているとの憶測も出た。

しかし、昭和二八年二月に上方落語の最後の大看板・二代目桂春団治までが亡くなってしまうと「上方落語は滅んだ」との記事が新聞に出た。「わしらはどうなるねやろうなあ。数にも入ってないねんなあ」と光鶴は、米朝に自嘲気味にいった。

東京で大看板になっていた桂小文治は、上方落語衰退を憂いていた一人である。彼は、千土地興行に働きかけ、落語界から離れていた林家染語楼を三代目林家染丸に、光鶴を五代目松鶴の前名の四代目笑福亭枝鶴にする襲名披露を、昭和二八年八月に戎橋松竹で開催した。

また、このころから既に開局していた関西の民間放送(ラジオ)に、若手落語家たちの需要が増し、落語研鑽に励むための生活基盤となる仕事が出てくるようになる。

昭和三二年四月、九月から始まる京都市民寄席の落語家たちの窓口が必要となり、「上方落語協会」を設立する。桂文団治、橘ノ円都ら古老を顧問とし、年長者の染丸を初代会長とし、副会長に米朝がその後就任する。

枝鶴や米朝らと違って、染丸は商売熱心で経済的にも豊かだった。染丸は協会の金銭的なバックボーンでもあった。上方落語衰退の途中から芸界に復帰し、アバウトに落語を口演する染丸に対して、枝鶴、米朝らは「これが上方落語の定本になってしまうねや」と嘆いた。それだけ彼らは、好事家のような情熱と使命感を上方落語そのものに抱いていた。

昭和三二年、千土地興行と専属契約を結んだ、枝鶴、米朝の二人は、翌三三年六月に、今度は朝日放送とも準専属契約を結んだ。

昭和三一年一一月に森繁久彌主演の『世にも面白い男の一生 桂春団治』が封切られ、世間の話題になると、この機運に乗じて、昭和三四年三月、道頓堀角座で「桂福団治改め三代目桂春団治襲名披露」が開催され、テレビ、ラジオの話題を上方落語が独占する。

昭和三七年三月には、道頓堀角座「笑福亭枝鶴改め六代目笑福亭松鶴襲名披露」が賑々しく開催され、枝鶴は悲願の父松鶴の名跡を襲名した。

そして、松鶴、米朝ら上方落語家の後継者が次々と入門する。昭和三六年四月、桂小米（桂枝雀）、三七年四月、笑福亭仁鶴、昭和三八年二月、桂春蝶らである。

昭和四一年七月、京都府立勤労会館で米朝の初の独演会「桂米朝スポットショー」が開催され、成功する。同じ年の四月には、松鶴が前年一二月に口演した『らくだ』で、大阪府民劇場奨励賞を受賞した。評論家・吉田留三郎は、この年の二つの出来事を思い、年末の『読売新聞』に〈上方の落語も、ようやくここまできたかの感が深い〉と記している。

昭和四三年六月、林家染丸上方落語協会会長が亡くなると、二代目会長に松鶴が選出され、副会長は引き続き米朝が務める。上方落語の伝統と将来について二人は常に意見交換したと思われる。

昭和四〇年代に入りラジオの深夜放送が若者の支持を得る。特に笑福亭仁鶴の人気がブレークし、仁鶴人気は上方落語ブームにまで及んでゆく。

昭和四六年一一月一一日、朝日放送主催の落語会「1080分落語会」がABCホールで開催され、ラジオでも生中継された。

時代の機運を見た松鶴会長は、昭和四七年二月、島之内教会を会場に悲願であった初の上方落語定席「島之内寄席」を毎月五日間興行で始めた。この定席は、松鶴の剛腕で無理やり開催した感がある。初日の口上では、この日の責任者である米朝とともに松鶴はその喜びを語った。

同年一二月、よみうりテレビが新たに制定した「第一回上方お笑い大賞」の大賞は、松鶴と米朝に決まった。賞金は各五〇万円。松鶴は仲間との祝杯で散財した。

ついに上方落語は復興を成し遂げたのである――。

さて、以後は上方落語協会全体としての活動よりも、それぞれの落語家、一門、個々の活動の時代となる。

桂米朝は、昭和四六年七月から大阪サンケイホール（定員一五〇〇）で年二回の「桂米朝独演会」が恒例となり、全国ネットのテレビ番組の司会者としての認知度も相まって、徐々に上方落語の全国区化を成し遂げてゆく――。

昭和四八年七月、米朝は、大阪サンケイホールで六日間連続独演会「米朝十八番」を開催、大成功を収める。

悲劇の落語家・六代目笑福亭松鶴

この頃から米朝、松鶴の落語家としての明暗が分かれることになる。

昭和四九年、松鶴は五六歳という噺家として最も脂が乗りきった時代に脳溢血を患い、以後徐々に言葉がもつれるようになった。

上方落語復興という大きな使命を成し遂げた松鶴の「公」としての仕事は、終わったのかも知れなかった。六代目笑福亭松鶴という落語家は、悲劇的であった。

昭和五二年一二月、体調不良のために上方落語協会会長を辞任した松鶴の後継として、副会長の米朝ではなく、春団治を選出する。

上方落語協会そのものが、松鶴であった。この頃、松鶴は自らを「上方落語界の田中角栄」などと言っていた。当時、「闇将軍」といわれ、政界を牛耳っていた田中角栄元首相に自らを例えた。米朝は松鶴とともに相談役に祭り上げられた。この時に、次期会長選出に動いた桂文紅はのちに「六代目のあとは、武庫之荘（米朝）を会長にするべきだった」と語っている。もし、桂米朝が会長に選出されていたならば、上方落語協会のその後の形は、変わっていたことであろう。近代化されていたと思う。平成六年五月に、弟子の桂枝雀一門が上方落語協会を脱会した折に、「米朝師匠は上方落語協会を辞めないのですか？」と訊ねられた米朝は「上方落語協会は私らが作ったものなので私は辞めません。けれども、だいたいは十数名の規約で作った協会なので、これだけ人数が増えたら今の時代に合わなくなってくるのは当然です」と冷静に答えていた。

昭和五四年一月、松鶴は大阪堂島・毎日国際サロンで還暦記念の一三日間にわたる落語会「六世松鶴極つき十三夜」を開催し、復活を印象づけるが、往年の高座には及ばなかった。

昭和五七年一一月、松鶴は、上方の落語家として初の紫綬褒章を受章する。

昭和五九年一月、松鶴は、筆頭弟子の仁鶴と再び大阪本町・北御堂津村別院ホールで一三日間にわたる落語会「松鶴・仁鶴極つき十三夜」を開催。世代交代を印象づけた。松鶴は仁鶴にいった。

「親父から噺家を六〇人にせいといわれた。それを芯にがんばっているのや」

昭和六一年九月五日、六代目笑福亭松鶴は、父五代目松鶴、実子五代目笑福亭枝鶴の誕生日に六八歳で亡くなった。

入院先の病院を見舞った桂米朝に対して、松鶴は「(あとは)頼むで」といった。訃報を聞いた米朝は「えらいことになった……えらいことになった……」と呟いていたという。

米朝はある時に筆者にポツンといった。

「今、わしが大阪落語の本流みたいにいわれるけども、ホンマは松鶴なんや」

米朝が紫綬褒章を受章したのは、松鶴死去の翌年、昭和六二年四月のことであった。松鶴の生前、米朝は必ず松鶴に対し、遠慮し、一歩引いていた。松鶴もまた米朝に気を遣っていた。しかし、落語会の記念口上などではボケ倒す松鶴に対して、間髪入れずに漫才のようなつっ込みを入れて会場を沸かしていたのは常に米朝であった。

やはり〈深い深い因縁〉なのである。

『上方芸能』第九三号の松鶴追悼で〈遠からず私もあとを追うでしょうが〉と記した米朝が逝ったのは、松鶴没後三〇年目の平成二七年三月一九日のことであった。


(『ユリイカ』二〇一五年六月号)

不思議なるかな正岡容

作家の幸せ、そして値打とは、その作者（正岡が好んで使った言葉である）の没後にもその作品群が後世の読者に読み継がれているということ、また、その著作が古書店で高騰し続けていること、そして、門下生にどれだけの人材を輩出し、また、彼らが師のことを語り続けているかといったことだと考える。そういった観点からいえば、正岡容は、作家としてはとても恵まれた人だといえそうだ。少なくとも、正岡の生前は別として、同時代にライバル視された安藤鶴夫（一九〇八―一九六九）とは雲泥の差である。泉下の正岡容は現在の、この幸運を果たしてどのように認識しているのであろうか。

昭和六〇（一九八五）年三月二日にＮＨＫテレビで放送された『この人ショー　桂米朝ショー』で、正岡容門下の二人、落語家・桂米朝と俳優の小沢昭一の対談があった。そのおりに小沢は「正岡容というのが、我々の先生でして、今、居たら大売出しのマルチタレントだろうと思うんです」と、師・正岡容のことを紹介した。また、別の、酒席ではあるが桂米朝自身から、「わしは正岡容の弟子やということを誇りに思うな」と、私自身聞かされたことがある。この時は桂枝雀も同席していた。

さて、作家でありながら、小沢昭一にして「マルチタレント」といわしめた作家・正岡容とは、そも何ものぞ。まずは、その門下生たちによる平成六（一九九四）年一二月六日に東京・東邦生命ホールで開催された「正岡容をまだ偲ぶ会」のプログラムから正岡容の略歴を紹介してみる。

明治三七年（一九〇四）一二月二〇日、医師・平井成の長男として東京・下谷で誕生。七歳で親戚・正岡藤蔵の養子となる。九段の精華小学部から京華中学に進学。一七歳で作家を志し吉井勇・岡本綺堂らに師事。大正一二年に執筆した「黄表紙・江戸再来記」は『文藝春秋』に掲載され芥川龍之介に賞賛された。関東大震災後下阪。三代三遊亭圓馬の世話で上方演芸に親しむ。昭和四年、二六歳の頃から「文藝落語」を創始し、新作落語、漫談を自ら口演、ニットーレコードの専属となり、小田原在に移り住む。昭和六年、滝野川区西ヶ原に転居。以後、落語・講談・浪曲の研究。台本の創作。小説・随筆の創作に励む。昭和一六年、舞踊家・花園歌子（のち初代花園環伎）と結婚、豊島区大塚に住む。戦後も酒と芸を溺愛し、奔放な行動で多くの伝説を残したが、寄席演芸に関する達眼の評論家として高く評価されている。昭和三三（一九五八）年一二月七日、腫瘍のため病没した。享年・満五三歳。生前の著書は三七冊、没後の出版も七冊に及ぶ。昭和四六年一二月、玉林寺境内に故人ゆかりの句碑が建立されている。

「思ひ皆叶う春の灯点りけり　容」

という人なのである。ちなみに現在も活躍している正岡容門弟諸氏は、落語家の桂米朝、俳優の小沢昭一、加藤武、劇作家の大西信行、元・日本大学大学院教授の永井啓夫といった、めまいのしそうなほどの、そうそうたる面々が並ぶ。彼らはことあるごとに師・正岡容の話をし、その後、師匠の遺り残した、あるいは延長線上の芸能史上の偉業ともいえる壮大な仕事（これは大げさでなく）を成し遂げている。たとえば『長編「圓朝」』（三杏書院）、『中篇「圓朝」（愛欲篇）』（東光堂）といった一連の、三遊亭円朝の小説ほかを記した正岡のライフワークで、悲願でもあった円朝の正伝を編むという仕事は、その死後、永井啓夫の『三遊亭圓朝』（青蛙房）で完成されている。そして、円朝の代表作『怪談牡丹燈籠』の、杉村春子の文学座公演用の脚色は大西信行が手がけ、その劇中に登場する円朝に扮したのは文学座に所属する加藤武であった。これは……、正岡容が知ればテレ笑い、あるいはブハハ笑いしそうな布陣である。そして、師・正岡同様に演者が、研究書をものにするといった方式の仕事は、桂米朝の、上方落語及び上方芸能の研究、小沢昭一の一連の『日本の放浪芸』の集成といった仕事に、その方法や姿勢が継承され、これらの門下生の仕事のおかげで、日本の芸能史や実演の分野に大きな財産を残し、消滅寸前のものを記録した。これらの作業はすべて、いわば正岡容に洗脳された門弟たちによってなされたのである。このことは日本の芸能文献という見地から見ると、正岡容というのは、ほとんど日本史における松下村塾の吉田松陰のような影響力ぶりである。

さて、江戸文化の申し子のような正岡が、先ほども少し触れたように、演芸の実演家としての修行をしたのが、他ならぬ関西の地であった。昭和落語を代表する落語家・八代目桂文楽（一八九二―一九七一）と三代目三遊亭金馬（一八九四―一九六四）に多大なる影響を与えた、当時すでに関西に在住していた名人・三代目三遊亭円馬（一八八二―一九四五）に師事をしたのである。そのころのことを先代三遊亭円馬（四代目・一八九九―一九八四）の「大阪の正岡さん」（『大衆文学研究　特集・正岡容』［仮面社］所収）から引用してみる。

先代師の家で、正岡氏は話術をつけるために、「寿限無」の噺を稽古して貰って良く先代に叱られていたものでした。頭の良い正岡氏は自分を売るために、今の千日デパート、千日劇場、前が歌舞伎座で、その又前身が楽天地で、演芸場、映画館、芝居小屋ありという娯楽場でこれが均一料金で、入場料を払うと、どこを見ても良いところでした。その小屋々々の幕あいに正岡氏が出演して、落語の様でもあり、漫談の様な、物語の様な、不思議などうとも云える芸を、真白な紋付を着て演じてお客様を大いに楽しませていたもので、そのファイトは大したものでした。

のちにはニットーレコードの専属として、そういった修行から完成したであろう作品の数々をSPレコードに吹き込んでいる。作家としての目を併せもって、舞台人として、話芸の、その間や、観客との距離のもち方、その反応の受け方を身体をもって覚えたこの体験が、のちの寄席文化研究や創作台本作成に際し、他の者には描き得ない境地の、ユニークで立体的な文章をものにする下地を作ることになる。この作法はのちの正岡の門下生の、演者であって文筆家でもある桂米朝や小沢昭一の作品にも自然と引き継がれてゆくことになる（もっとも演者であればこういった文章を誰でもモノに出来るのか？さにあらず、やはり別に文才というものが必要である）。そして、この時の上方での正岡容の生活が、正岡と上方演芸界との、信用と人脈を作り、それらがのちに弟子の桂米朝が、戦後、滅亡寸前の上方落語そのものを復興する際の下地となって利いてくる。「あんた、正岡さんところのお弟子さんか」ということである。これは東京の演芸界とて同じことであるが、とにかく正岡は上方落語の恩人であった。

昭和一八年五月に、当時、東京の大塚の花柳界の真ん中にあった正岡宅の戸を、一七歳の桂米朝が、偶然、開けることになったこの一動作が、そのまま戦後の上方落語復興のドアを押し開けることと同じとなった。演者で文筆家、それも小説を手にする正岡の寄席の高座を模写する文章には、そのまま読者も同じくその寄席に同席しているかの如くの迫力があった。たとえば、『艶色落語講談鑑賞』（あまとりあ社）における、京都・京極の富貴での、四代目桂文団治（一八七八―一九六二）演じる上方落語『島めぐり』を鑑賞する模写。女護ヶ島にもぐり込んだ男、そのまま「お掃除屋」と称し繁盛する。

それは女性と情交する仕事である。冒頭からいろいろいろいろいろと、書き継がれ、サゲ前の件――。

□「こらあかん。こない仰参な女子掃除してたら、到底俺のいのちがもたん」

たうとう逃出してしまいやがつた。

ここで、ほんの一息、入れるか入れないかと云ふほどの「間」を置くと文団治、「此以上演つたら、私もいのちがつづきまへんよつて、此でしまひにします」とわざとソソクサ口早に云つて、またニコリともしない部厚な顔を大きく下げ、陽気な寄席囃子におくられながら、ノッシ〳〵高座を下りて行つた。

この人の、寄席文化研究の（プロデューサーとしても「三題噺の会」「寄席文化向上会」などを主催）著作としては、『随筆寄席風俗』（三杏書院）所収の「先代桂春團治研究」（昭和一七年一月）は白眉である。この桂春団治とは、有名な後家殺しの初代の桂春団治（一八七八―一九三四）のことで、それまでヤタケタな伝説ばかりが取りざたされ、膨大な量のSPレコードを残したにも拘らず、その芸は下品だ、俗悪だ、異端だ、邪道だ、といわれ続けた初代春団治の芸に対し、同時代の、偉大なる鑑賞家でもあった正岡容が真っ向から取り組むことによって、初代桂春団治の芸が正当に評価され、以後、正岡の研究が春団治芸の評価として定着する。単に録音が残っていてもただの記録にしか過ぎず、同時代の、または近い時代の、私心のない研究家の、正当な研究、批評があってこその、その芸人の芸術の評価となる。決定版である労作評伝『桂春団治』（河出書房新社）を執筆した作家の富士正晴（一九一三―

一九八七）は春団治について書かれたものはすべてといっていいぐらい読んだ。「その中に正岡容の『寄席風俗（随筆集）』の中にある「桂春団治研究」という、これにまさる文章はない」（『正岡容集覧』仮面社）と桂米朝は話に聞いている。

上方落語を戦後、ソフトの面を含めて復興させた桂米朝に続き、「どうも師匠譲りというか。正岡容という人は、ゲテも愛する面がありまして。私もうんと若いときから、あれはおかしいよ、馬鹿な芸人だよなんて、その馬鹿さを愛するということが、なんとなく身についてしまったのかもしれないですね」（『落語の世界2——名人について』岩波書店）という小沢昭一は、絶滅寸前にあった『日本の放浪芸』を、レコード、ビデオ、書物にまとめ、それらの芸は、ギリギリのファイナルカウントダウンで後世への記録として残った。小沢は、また、日本の童謡の録音収録に熱心で、演じ手らしく自ら歌う。

今後、願わくは、小説『圓朝』『寄席』『圓太郎馬車』『狐祭』、研究随筆『寄席風俗』『寄席囃子』『艶色落語講談鑑賞』『寄席恋慕帖』『日本浪曲史』といった正岡の名作の数々を、またはあちらこちらに書き散らしたままになっている随筆などを集めて、『あばらかべっそん〈桂文楽芸談〉』（正岡がゴーストライター）、『明治東京風俗語辞典』を復刊させた、ちくま文庫あたりに頼んで、また、世に送り出し、新しい読者を獲得してゆくキッカケが出来て欲しいものだ。

元祖〈マルチタレント〉である正岡については、浪曲や川柳や、プロデュース公演など、まだまだゴタクを述べたいことはいっぱいあるが、どうやら紙面も尽きたので、今回はこの程度にとどめおくことにする。

（『BOOKISH』第五号、二〇〇三年一〇月一日）

上方落語——全国共通語としての変貌考

はじめにお話しさせていただく。私は関西言語圏に生れ育ったので実感としての東京ことばの変化についてはは疎い。まして、落語といえば江戸落語ではなく、俗にいう上方落語のことを思い浮かべてしまうのである。当初、筆者に与えられた課題は〝地域言語文化としての上方落語と江戸落語〟というものであった。もちろん、東京の落語家、たとえば古今亭志ん朝や立川談志といった人たちの落語は好きで、そこそこの高座は見知っているつもりではあるが、ことばとしての江戸落語の変化等について語るには、一般論は別として不適任である、以上のような理由もあり、かつ、編集部のご了解も得て、専門（どちらかといえば）の上方落語についてのお話をさせていただくことにする。

こんにちで言う落語家が、歴史上に登場したのは一六八〇年代の元禄年間のことと思える。江戸に鹿野武左衛門、京都に露の五郎兵衛、大阪に米沢彦八と、三都、ほぼ同時期に出現して、当然のことながら落語という芸能は都会で発達した。上方落語は、もともと大阪市内の人間を対象にした落語と考えている。上方落語の噺の中には大阪の地名や店名などが随所に出てくる。一例をあげる。

「「一杯飲ますさかいつきあえへんか」「どこ行くねん？」言うたら、「ちょっと、お前、天王寺まで行って、戻りは道頓堀で一杯飲ますさかい」「好きな酒やさかい、よばれよかいなァ」わたい言うてな。天王寺まで、用足して、ブラブラ道頓堀出て来たあんねん」
「ああ」
「日本橋を西ィ、西ィ行きよるさかい、「ハッハーン、どこぞで一杯飲ましてくれよんねんなァ」と心嬉しいもんやさかいな、わたい、一杯飲ましてくれる酒を腹で考えてたん。ほしたら、西ィ行きよるさかい、「いづもや」の方へ行きよるさかい、「ハッハーン、うなぎ屋で一杯飲ましよんのかいな」と思てると、なんの「いづもや」の表、素通りしてしまいよって、「ハッハーン、「いづもや」やないのんかいなァ。あれから西ィ行きよるよって、ひょっとしたら太左衛門橋の詰の「天神」ちゅう天ぷら屋の、安いとこで食わせよんのかいな」思てると、天ぷら屋のとこ、また素通りしてしまいよるさかい、「ハッハーン、こら「柴藤」のうなぎや、こら上等やわい」思てな。ほんで「柴藤」の方へズゥーッと行きよるさかい、「ハッハーン、いよいよ「柴藤」入りよんねんわい」思てると、又そこ素通りしてしまいあがんねん。「おかしいな。これから向こうやったらどこやろ？　アァーン、ひょっとしたら洋食屋へ連れて行きよるやろ。「山陽亭」や。あ、こら上等やさかい、エエとこ連れて来よんな思てると、そこ又、素通りしてしまうさかい。こらおかしい、これから向こう行ったら飲むとこあれへんなア、わて、思てな」

（『うなぎや』初代桂春団治演）

左記のような落語を大阪の市内に住む人たちは当時、現実感のある身近な芸術として楽しんだ。時代物は別として、それこそ、寄席を一歩外へ出ると現実に噺の世界の中に人々は生活しているのである。噺に出てくる店も実在のもので、落語中の風景が観客の脳裏にハッキリと描かれた。今で言う上方古典落語はその当時（明治から大正、昭和初期ごろ）の現代であった。大阪弁というのは大阪市内の、船場、島の内、その周辺の言葉で、実際には船場ことば、島の内ことばとよく言われているように言葉のニュアンスが違っていた。同じ船場でも、例えば、北船場と南船場とでは言葉が微妙に違い、人間の気性までも特徴があったようである。落語という芸は言葉の比較対照で人物を描き分ける。大阪の都会の芸である上方落語はことにその点、大阪弁の微妙な違いなどの演じ分けによって、職業、男女、身分といったものから、その登場人物が住んでいる地域までを自然に演じ分けられるように努力（あくまでも演者の腹積りでの演じ分け）をし、観客、中でも聞巧者を楽しませた。逸話がある。『五代目笑福亭松鶴集』（青蛙房）の対談で、露の五郎（五郎兵衛）がいう。「その船場ことばについて、これは私がこの耳できいた話なんですが。五代目が『上方はなし』という本を四十九集まで出されましたなァ。この『上方はなし』の印刷をした大阪活版所の霜手さんという人が言うてましたが、五代目はときどき、船場の家へ出はいりするときに、ことさら、船場ことば、それも女言葉を遣うたそうですなァ。あるとき、この霜手さんが「松鶴さん、あんた、なんでそんな女みたいな言葉づかいをしなはんねン」と訊くと、「へい、いえ、私は男でごわりますよってに、男のことばは、どないにでも遣えます。女のことばはそうはいきまへん。まして船場の女ことば、こうしてお出入りさしてもろうた時に、遣わしていただかな、身につきまへん」という答。さすがに名人の心がけは違うと思うたと、これが、霜手さんの思い出ばなし」そんなものであったらしい。

昭和の初期、大阪の寄席はほとんどが吉本興行部（現在の吉本興業株式会社）の傘下に収められていた。それまでの寄席興行の主役は落語であった。万歳（のち漫才と称す）というような芸能は色物でしかなかったが（現在の東京の寄席を想像していただければいい）、旧弊な伝統に胡座をかいていた落語界は次第にその主役の座を万歳にとって代わられてゆくことになる。当時、一代の上方落語の革命児であった初代の桂春団治（一八七八―一九三四）の人気は絶大であった。春団治はテンポの早い独特のギャグを豊富に盛り込んだポンチ絵のような芸風と破天荒な私生活を売り物にして大阪一の人気者となっていた。また、この頃の新しい文化であるＳＰレコードの売れ行きもダントツであった。しかし、この大阪で大人気の春団治をもってしても東上するとまったくウケない。大阪弁でも、特に早口な春団治にとっては言葉の壁はまだまだ厚く、粋をモットーとする江戸っ子にとって、噺の中に鳴り物が入り、下がかったギャグの多い春団治落語は淫猥ですらあったであろう。

昭和五年に横山エンタツ（一八九六―一九七一）、花菱アチャコ（一八九七―一九七四）の万歳（漫才）コンビが登場した。彼らは新しい漫才（しゃべくり漫才）のスタイルを確立し、学生やサラリーマンといった大衆に広く支持されてゆく。

人気の出かけた新しい演芸・漫才の仕掛人・林正之助（一八九九―一九九一、のちの吉本興業会長）が、売り出しに力を注ぐのは興行師として至極当然なことであった。儲かればよい。もはや大衆の支持しない落語などは滅んでも仕方がなかった。そんな中で春団治だけは孤軍奮闘していたが、昭和九年に彼が死ぬと、大阪の寄席の主役の座は完全に落語から漫才にとって代わられている。このままでは上方落語は滅んでしまう。そんな使命感から五代目笑福亭松鶴（一八八四―一九五〇）は私財を投げうって、昭和一一年四月に雑誌『上方はなし』を創刊した。そして昭和一二年には所属する吉本で一番良い待遇（ギャラの面で）を受けているにも拘らず、吉本を辞め、自宅を楽語荘と名づけて、京都、大阪の「上方はなしを聴く会」を初めとして各地で地道な活動を続けた。その楽語荘へ番頭格で参加したのが、のちに四代目桂米団治を襲名（昭和一八年一〇月）する桂米之助（一八九六―一九五一）であった。

そのころ、東京で上方落語に対して愛情をもって見守り、行く末を案じているひとりの作家がいた。正岡容（一九〇四―一九五八）である。彼は寄席文化研究の先駆者でもあり、大阪の三代目三遊亭円馬（一八八二―一九四五）の養子分となって、自ら寄席の高座へ上がるほどの茶人であった。数多く残した彼の寄席演芸の随筆の一つに自費出版した『随筆寄席囃子』という一冊があって、そのなかの〝上方落語談叢〟で、上方落語を潰した男と言われている吉本の林正之助に宛てて、「上方落語の絶滅は日本文化の一大損失である。日本のために上方落語の再興保存を考えられ、吉本が多く有する寄席小屋のうち幾つかの落語席を小興行師に譲ってほしい」というような意味の一文をやんわりと書いている。昭和一八年五月、この正岡の門を大東文化学院在学中のひとりの青年が叩いた。のちの桂米朝である。私は戦後の上方落語史はこの時から始まったと考えている。米朝のことはあとで詳しく言う。正岡容は大塚鈴本演芸場で「寄席文化向上会」という催しを開催し、五代目松鶴を何度か呼んでいる。その昭和一八年一〇月の「笑福亭松鶴観賞」を話術家・徳川夢声（一八九四―一九七一）が見て、「始めて笑福亭松鶴老の話をきく。大いに面白く、大いに感服した」とその日記に書いている。客は七〇人ほどであった。もっとも落語の前には正岡の上方落語の解説が付き（これは後年、弟子の米朝が広沢瓢右衛門［一八九七―一九九〇］等多くの芸能家を発掘、紹介するときも正岡と同じように解説をしてから実演を見せた。これは、やはり分かりやすい）、そして、その上、夢声のような専門家が聴いてのことである。一般の客にはまだまだ大阪弁は難しかった。正岡は落語研究を目指す関西出身の米朝に松鶴への紹介状を書き、以後、米朝は大阪の寄席の楽屋へも姿を見せることになる。正岡は同時に米朝へ噺家になることも勧めた。

四代目桂米団治は生粋の大阪人であるにも拘らず、こと落語のことに関しては非常に合理的な考え方をする人で、当時の大阪人としては変わっていた。時代よりも早かった人という言い方も出来るであろう。五代目笑福亭松鶴の代表的な仕事のひとつである雑誌『上方はなし』（一九三六―一九四〇、全四九集）のソフト的な仕事、編集はほとんど米団治の仕事といっていいであろう。松鶴名義の速記も大抵、米団治の筆によるものである。落語の速記にさし絵まで描く、そうした上方落語の記録的な仕事の先駆者は米団治である。米団治は「わしの仕事は落語のムダや傷あとを埋めてゆくことにある」と一番弟子の桂米之助にもいった。三〇分の落語が理屈詰めのため、四〇分ぐらいになったりもした。晩年、米団治は『つる』『弱法師《よろぼし》』といった、落語の振りから心得まで記した上方落語の定本づくりをほとんど使命のように思い、そして仕事にとりかかり出した矢先に急死する。その仕事一切を弟子の米朝が受け継いだ。

桂米朝は大正一四年、満州大連に生まれ、昭和五年以降は兵庫県姫路市で育つ。米朝が生粋の大阪人でなかったことが、のちの上方落語の近代化に幸いした。最初、五代目松鶴を正岡から紹介された米朝がなぜ、米団治門下になったのか。縁もある。が、米朝はいう。「噺家になる以前に楽屋で落語の質問をする。「あれはこうだんねン」という訳で解説してくれはる。この時代は理づめで噺の解説をする人なんかひとりもおらなんだ。「こらこうなってんねん！」「なんでだんねん？」「喧しいな！」てなもんで。それを納得のいくように、あの時分解説出来たというのは大変なインテリでした」（『この人ショー　桂米朝ショー』昭和六〇年三月七日NHK放送）。正岡容、桂米団治、桂米朝はほとんど同じタイプの人間といってよい。米朝は昭和二二年に「ひとつでも多くの噺を残したい」という理由で四代目桂米団治に入門した。同時期に、のちに上方落語の四天王といわれる、六代目笑福亭松鶴（一九一八―一九八六）、三代目桂春団治（一九三〇―二〇一六）、五代目桂文枝（一九三〇―二〇〇五）が入門、皆で手分けをして、ひとつでも多くの噺を覚えたという。昭和二二年の落語定席「戎橋松竹」の開場はロウソクの炎の消える目前であった。昭和二五年に五代目松鶴、二六年に立花家花橘（一八八四―一九五二）、米団治、二七年に二代目林家染丸（一八六七―一九五二）が死に、そして昭和二八年に二代目桂春団治（一八九四―一九五三）までも死んだ。もはや、上方落語は虫の息であったと言える。世間はこれで上方落語は滅亡したと思った。

先ほど桂米朝が姫路の出身であるのが上方落語の近代化に幸いしたと言った。それを説明する。上方落語は冒頭でお話ししたように、もともと大阪市民対象の芸であった。そういった点から言えば、言葉のハンディもある米朝には、まことに不利であったが、このマイナス部分が大きくプラスに働いたのである。まず、大阪以外の土地から上方落語の文化を客観的に見直すことが出来た。これは生粋の大阪人である六代目松鶴にはとうてい出来ない芸当であった。松鶴はあくまでも古い大阪弁にこだわった。松鶴は松鶴なりに落語に手を入れたが、基本的には古い形のまま継承した。松鶴落語は古き佳き大阪は伝えられたが、大阪以外の土地ではアクが強すぎた（それはそれでいいことだし、意味もある）。この点、米朝が古い生粋の大阪言葉をあまり使わない（この場合アクセント的なことも含む）ことが、分かりやすい上方落語ことばを生む要素となった。米朝は師匠の米団治が晩年にとりくみ掛けていた落語のソフトの手直しにとり掛かった。上方落語はウケればよいということで噺のムダが多かった。他の噺のウケる部分の使い込みが多く、そのため、噺のストーリー性の邪魔をしている。例えば、米朝が復活した『はてなの茶碗』では茶が漏る茶碗を「はてなァ」と何人もの人が持って繰り返すやり方に無理があるので現行のように仕立て直したりした。古い大阪弁の分からぬ言葉や死語は噺の中やマクラの部分で説明をする、それもただただ説明するだけではなくその部分だけでもウケるように工夫し、通じる言葉への置き換えも噺の雰囲気が壊れぬように努力した。もともとソフトの少ない（絶えてしまって）上方落語を多く掘り起こし、復活口演した（ほとんどが片言隻語から創作したともいえる。米朝は古典落語を創作した）。こういった米朝の工夫で上方落語は、より文学的になり進化した。そんな米朝落語の代表作に『地獄八景亡者戯《じごくばっけいもうじゃのたわむれ》』がある。この噺は全篇通して演じると一時間以上かかる。世相風刺、時事ネタをそのつど入れ込んで、構成して口演しなければならない。これが古典落語にあって現代的で、米朝の博学なイメージ、説得力のある芸風とマッチして評判を呼んだ。

　スマートで何をやっても器用にこなす米朝は関西の民間放送の開始とともにタレントとしても売り出した。昭和三九年にスタートした近畿放送『天壇ゴールデンリクエスト』という米朝出演の番組がきっかけとなって昭和四一年七月、初めての独演会「桂米朝スポットショー」を京都で開催し、大成功を収めた。翌年、五月には東京・紀伊國屋ホールでも「桂米朝 上方落語の会」を開催、成功した。また、米朝は全国ネットである、関西テレビ『ハイ！土曜日です』（一九六七―一九八二）、日本テレビ『ご両人登場』（一九六七―一九七三）といった番組の司会ぶりで知識人・米朝といったイメージを全国に売った。そうした活動の一方、興行の面でも斬新な行動に出る。昭和四三年には、段々と演芸場では本当の落語が出来難くなっていたことも理由にあって、当時、所属の千土地興行から独立、元・千土地興行社員で主に米朝の担当のマネージャーであった田中秀武（のち米朝事務所社長）を伴い、以後フリーのタレントとして行動する。当時の関西芸能界としては異例であった。昭和四〇年代は高度経済成長期真っ直中で全国の都道府県に文化ホール、市民会館が増設されてゆく。昭和四四年一二月に観賞団体・大阪労音の主催の「労音寄席・桂米朝独演会」を開催。このヒットがきっかけとなって以後、労音、音協、民音といった観賞団体で、全国で「桂米朝独演会」を公演し、それまで落語家にとって記念のイベントであった独演会を新しい興行形態にし、ホール落語を根づかせてゆく。米朝の分かりやすい大阪弁とバリエーションの違う三席の落語が、お客に値打がある、また見たいと思わせ、業界用語でいう〝返り（また同じ興行で、呼んでもらえる）〟が利き、毎年、同じ月、同じ都市の、ほぼ同じ会館という興行形式で全国展開していった。また、東芝レコードから『桂米朝上方落語大全集』を出し、このアルバムの全国的ヒットで、落語のレコードとしては異例のゴールデンレコードを二度受賞している。そして、『米朝落語全集』（創元社）全七巻で上方落語一三四篇の定本を作った。あるとき林正之助吉本興業会長は米朝に言った。「わしは落語がもう一遍、商売になるとは思わなんだ。これはあんたの力や」。正岡容が聞いたら、さて、どう思ったであろう。評論家の要素のある東京の立川談志はいう。「米朝さんは上方落語中興の祖だ」。桂米朝は戦後の新しい上方落語を作った。

その桂米朝のあとに出現した弟子の桂枝雀（この人も米朝と同じ兵庫県の出身であるのが面白い）は米朝の全国展開の道を踏襲しつつ、さらにその地図を拡大した。もはや創設者の二代目の枝雀にとって古き佳き大阪弁へのこだわりはない。自由闊達な枝雀語とでもいう大阪弁で、もっと新しい落語を作り、全国を制覇した。また枝雀は昭和六〇年からもともと趣味であった英語でも落語を始め、毎年海外公演まで行っている。しかも、その発音が大阪アクセントであるのが面白い。もはや上方落語は大阪だけの文化ではない。世界に出た。

と、以上いろいろと〝ごたく〟を並べたが、これは側面にすぎない。

（『國文学——解釈と教材の研究』一九九七年六月号）

姫路上方はなしを聴く会

先日、東京漫才研究の〝喜利彦山人〟氏から『演藝新聞』昭和二一年七月中旬号に、桂米朝さんの中川清（本名）名義の演芸評が掲載されているとのご教示を得た。改めて感謝したい。

米朝さんが噺家になる以前に故郷・兵庫県姫路市で開催していた「姫路上方はなしを聴く会」の第一回目を評したものである。師匠正岡容の関係で掲載したのであろう。

拙著『上方落語の戦後史』（岩波書店）では、資料を精査し、芸能史研究家の豊田善敬氏とも相談してこの会の仔細は、五代目笑福亭松鶴主宰「楽語荘」の四代目桂米団治直筆のネタ帳から書き移したのだが、日付とネタが少し違っていた。おそらく米団治は予告時点で書いたと思われる。その後、演目の増加どころか、開催日までも変更になっていた。

四代目桂米団治は、ずぼらな面もあったのでそういう間違いもあるだろう。自らの履歴書も書く度に内容が少し違った。歴史を記すとこういう変更を余儀なくされる。伏して訂正したい。

開催日は昭和二一年六月一六日、会場は日本キリスト教団五軒邸教会。当初の会名は「上方はなしを聴く会・姫路公演」。一番太鼓、二番太鼓に続き、中川清の解説がある。これは戦前、大塚鈴本で正岡が開催していた「寄席文化向上会」の型を踏襲したものであろう。続いて松鶴『地獄八景』、米之助改め米団治『饅頭恐い』、松鶴『悋気の独楽』（この演目が当初の予定になかったようである）、中入り、松鶴『らくだ』、米団治『代書』、松鶴『三枚起請』。下座は、林家トミ、見浪よし。

自らが主宰した会の演芸評を書くのは本来おかしいが、米朝さんは報告と記録のためもあって書いたのであろう。

一番太鼓、二番太鼓、私の解説があって始めは松鶴の「地獄八景」前座話。所謂入れ込み咄だ、古い上方咄の特徴の一つで、不潔に渉る事が多く少々恐れたが松鶴は巧みに悪る《ママ》いくすぐりを救ってゆく。三途の渡しの邊までは殊に良く、上方古典の持つ大まかな、そして誇張された表現が面白い、次が米之助改め米團治の「饅頭恐い」でこれは手堅い出来。親爺の話の身投げから怪談に移ってゆくあたりよく客を掴んでゐた。代って「悋気の独楽」は何時もの通り、内儀より女中が巧く、丁稚更に上々。こゝで中入り。次の松鶴の「らくだ」は一寸珍しい。屑屋の酔ってくる酒の三杯目から、四杯目あたり白眉で、酔っての述懐、自らの生活苦が現れ、如何にも昔日の大阪市井の長町裏が市街周辺の細民街あたりの住人を活写してゐる。

兎に角きゝ物だった。米團治の「代書」は演者自作の佳品、随分笑はせた。トリの「三枚起請」は、お家芸。

三人の男が見事三様に描写され、茶屋の内儀のうまさは何時も感嘆する。当の女はこれが芸者でなく女郎である処が難物。小文治のは藝者になりたがるのではないか。松鶴は一と声の合方が入ってからも、充分その性根が見えた。

米朝さんの正岡容調のつづり方に改めて師弟の文芸継承を見た。

「寄席文化向上会」は、その正岡が戦時中（昭和一七〔一九四二〕年一一月一日—一九年一〇月一四日）に自宅近くの東京・大塚鈴本演芸場で開催した特殊演芸会のことである。

米朝さんが大東文化学院（現・大東文化大学）に入学してすぐに新聞広告を見て足を運んだのが、昭和一八年五月二日に開催された第七回「落語角力」の趣向の時。その後すぐに米朝さんは、正岡の門下生になる。

平成一八（二〇〇六）年一一月一七日に岩波書店から刊行された『完本正岡容寄席随筆』に私は編集協力として参加、その時期見つかった「寄席文化向上会」の全案内はがきを掲載。

それを見てすぐに反応されたのが演芸評論家の矢野誠一氏である。その著書『ぜんぶ落語の話』（白水社）に以下のように書かれている。

〈注目されるのは、「古典」という呼称がすでに使われている事実だ。「古典落語」は、NHKや安藤鶴夫による戦後の造語というのが定説だったが、一九四二年十一月の第一回寄席文化向上會の番組に、「特殊古典落語鑑賞」とはっきりうたわれているのだ〉

定説が変わった。小生も掲載して貰った甲斐があったというもの。

「寄席文化向上会」では、分かりよい正岡の演芸解説があった。米朝さんはこの形を踏襲した。戦後、昭和二三年五月三〇日、正岡は同趣向の特殊演芸会を新宿末広亭にて「寄席文化教室」として再開。この演芸会に通い、やがて正岡門下になったのが、大西信行（劇作家）、小沢昭一（俳優）で、その友人の加藤武（俳優）もやがて門下に加わっている。

のちの小沢昭一さんの演芸会での解説も正岡流の型で、門下生には踏襲されているのだ。

（「戸田学の雑学ノート」、『産経新聞』大阪版夕刊、二〇一七年七月一五日、一二月一六日）

垣根を超えた交流で隆盛期へ――「上方風流」

「上方風流《ぶり》」以前に落語家・桂米朝と狂言師・茂山千之丞とを引き合わす役割を務めたのは評論家の山田庄一であった。この三人が「上方風流」の仕掛け人である。

米朝と千之丞の友情は生涯変わらなかったが、芸界には厳然と芸格というものが存在する。旧サンケイホール「桂米朝独演会」の打ち上げで、米朝は千之丞を次のように紹介したことがあった。

「今日は千ちゃんが来てくれています。彼は私のことをべーやんと呼んでくれます。世が世ならでっせ、狂言師が噺家にべーやん、噺家が千ちゃんなんて呼び合うことなんかありえないんです。この人は私の親友です」

二人はよく似た資質をもった異能の才だった。互いの芸は、古典芸能を継承した上での、時代を先取りした新規なものとして仕立て直したものである。さらには各々の斯界そのものを売り出すプロデューサー感覚にも秀でていた。その才が最初に上方芸能全般に及ぼしたものが「上方風流」であった。

歌舞伎・文楽・能・狂言・舞踊から落語、漫才、喜劇に評論まで上方芸能のジャンルの垣根を越えての交流は前代未聞で上方芸能版薩長連合の意味合いがあったかと思う。イベントも行ったが、主眼が全八冊にも及ぶ雑誌『上方風流』発行に置かれたのも文化的な意義が大きい。

現在は文化の意義を解せない首長が現れ、大阪の文化崩壊が著しい。井原西鶴、近松門左衛門を生み出したかつての水準とは程遠い。記録、研究文化もない。結局、「上方風流」は、江戸時代から続く上方出版文化の最後の輝きであり、以後このような文化的豊穣をもたらした雑誌はない。

会員要件は、四〇歳未満。結成された昭和三八（一九六三）年といえば、新興の芸ともいえる漫才や松竹新喜劇などは脚光を浴びていたが、上方の歌舞伎、落語は滅亡寸前から辛うじて脱却するための試行錯誤を繰り返し、文楽興行からは松竹が撤退していた。ほとんどの上方の古典芸能は衰退期あるいは、それを脱しつつあった状態であった。

戦後上方芸能隆盛期は「上方風流」のメンバーの成長とその努力によって招かれた感が強い。

このことは「上方風流」の会員の中から多くの人間国宝（重要無形文化財保持者）、文化功労者、文化勲章といった叙勲者を輩出した結果を見ても明らかである。

現在はその「上方風流」会員が次々に退場していっている時期である。上方芸能の一時代は終わった。今後は次代の使命感が試される。

（「ユメと熱情のころ　1955〜1983」、『読売新聞』大阪版夕刊、二〇一六年三月二三日）

芸脈再興に無私の先達――戸田学×笑福亭仁鶴

戸田　戦後の上方落語の復興は、四天王と先代（三代目）林家染丸師匠、そして次の世代の笑福亭仁鶴、桂枝雀両師匠があってこそ成し得たのだと思います。

仁鶴　そう、染丸師匠の功績を忘れてはなりません。上方落語協会の初代会長として、協会員の考え方の相違をうまく中和しながら、復興に尽くされた。上方落語に対する情熱を強く持っておられましたな。

戸田　そして四天王が続きますが、中でも六代目笑福亭松鶴、桂米朝両師匠が牽引したのではないでしょうか。ハード面が松鶴、ソフト面が米朝と、二人は夫婦役のようでした。

仁鶴　私の師匠でもある松鶴は、大阪で生まれ育ち、郷土芸的な土着の落語をやってきた人。対する米朝師匠は、上方落語を全国区にするために論理的、普遍的に作品を整理された。両輪で復興へと導いていかれました。言葉では言い表せない功績だと思います。

戸田　芸をお金に換えるのがプロの芸人なんですが、この二人はそういう感覚ではなく、上方落語を何とか次代につないでいこうという無私の心を感じます。

仁鶴　明かりが消えかかった上方落語の芸脈を残すという心意気ですな。銭金《ぜにかね》の問題ではないんです。そのお陰で我々があるんです。

筆者、笑福亭仁鶴

戸田　そういう部分を、仁鶴、枝雀師匠も継いでおられるように感じます。

仁鶴　師匠方の空気を無意識に吸い込んでいるんでしょうね。僕は落語に関しては枝雀さんにはかなわないと思っていた。会う機会は少なかったですけど、互いの仕事ぶりは意識し合ってた。六〇歳になったら思い出話をしよかと言うてたんですよ。実現できなかったのが残念です。彼を早く亡くしたのは、落語界にとっても大きな痛手でした。

戸田　五年前に定席・天満天神繁昌亭ができたこともあって、若い落語家が急増しました。人数が増えたから隆盛だという論調がありますが、私はそうは思いません。問題は質を保てるかどうかでしょう。

仁鶴　古典落語に出てくるカンテキ（七輪）や、へっつい（かまど）を若い落語家は知りません。そういう時代の人情や機微が落語の中に出てくるわけですから、演じ手も研究せんならん。お客さんも若くなってくると、説得するのは大変なことです。しまいに「落語は難しいから来んとこか」となる可能性もある。その辺を危惧しますな。

戸田 戦後、数少ない上方落語の継承者の中で、四天王のように色合いも芸風も違う名人を輩出しました。ですが、今はなかなか人材が出てきません。

仁鶴 個々の師匠方が、上方落語への責任感、芸への向上心を意識的に持って取り組んで来られたことが、今につながったわけです。これからの若い人たちも覚悟を持って、上方落語の灯を灯《とも》し続けてほしいですな。

（『読売新聞』大阪版夕刊、二〇一一年一〇月二四日）

「落語」にとどまらない巨人——桂米朝さんを偲ぶ

戦後上方落語の復興と繁栄の歴史は、戦時中、桂米朝さんが作家・正岡容の門を叩いた瞬間に始まった。昭和一八年五月、米朝さん、一七歳である。

当時の上方落語界は、漫才の勃興と戦争で壊滅的な状態にあった。正岡容は寄席文化研究の先駆者でもある。自宅近くの大塚鈴本で「寄席文化向上会」なる催しも開催していた。正岡は、演芸研究を志す米朝さんに、上方落語復興のため噺家になることを勧めた。しかし、時代が許さなかった。

実際に「ひとつでも多くの噺を残したい」という理由で、四代目桂米団治に入門したのは昭和二二（一九四七）年一一月のことである。米団治も学究肌のひとで上方落語の記録的な仕事の先駆者であった。

米朝さんはこの二人から大きな影響を受ける。後年、数々の著作を記す米朝さんだが、これは一落語家の余芸というような代物ではなく、いわば研究家が落語家を兼務していると考えたほうが自然な仕事であった。

米朝さんが入門した昭和二二年—二八年のわずかの間に五代目笑福亭松鶴、四代目桂米団治、二代目桂春団治といった師匠連が相次いで亡くなり、「上方落語は滅んだ」といわれた。

米朝さんは古老を訪ねまわり、落語の収集にとりかかる。すでにソフト自体が滅んでしまった演目のいくつかの作品は、粗筋や、きっかけ帳（上方落語の効果音としてのお囃子のきっかけを記してある）、資料などの片言隻句をもとに復活させる。『地獄八景亡者戯』『はてなの茶碗』『天狗裁き』『算段の平兵衛』『持参金』等々……。自他ともに認める米朝ファンの作家・司馬遼太郎曰く〈この人の天分は、噺の中の死者たちに息吹きを入れて、現実の私ども生者以上にいきいきとした人間にしたてあげたのである〉。

米朝さんは上方古典落語を創作したのだ。さらには笑い主体で不合理な上方落語を洗い直し、知的で洗練された文学性のある作品に再構成した。

昭和二〇年代後半の関西民間放送開局をきっかけに放送タレントとしても大いに売り出し、そのファンを落語会へと誘った。昭和四〇年代、高度経済成長期から米朝さんは、大阪・サンケイホールを始めとする独演会形式での上方落語の全国展開を図った。

それまでは特別な催しとしてしか開催されなかった独演会を日々の興行に用いた。毎回三席、バリエーションの違う米朝落語を披露。かつて上方落語を滅ぼしたといわれた吉本興業・林正之助会長からも「わしは落語がもういっぺん商売になるとは思わなんだ。これはあんたの力や」といわれた。

速記集『米朝落語全集』、レコード、CD、ビデオによる自らの落語の定本化。『落語と私』『米朝ばなし――上方落語地図』『上方落語ノート』等の著作。『桂米朝集成』（全四巻）は、英オックスフォード大学、ケンブリッジ大学の図書館の蔵書にも収められている。

桂米朝さんは、たったひとりで上方落語……いや上方文化そのものを改革した巨人であった。東西落語三〇〇年の歴史の中でも、東京の三遊亭円朝以上の存在であることは間違いない。

（『産経新聞』大阪版朝刊、二〇一五年三月二三日、東京版朝刊、二〇一五年三月二四日）

存在そのものが上方文化——桂米朝さん追悼

桂米朝さんは、存在そのものが上方文化であった。その高座は、文学作品の如く知的に洗練された上品で格調高いものだった。

『地獄八景亡者戯』の閻魔の出御《しゅつぎょ》、『たちぎれ線香』での愛する人の霊魂が奏でる三味線の音に苦悩する若旦那、『百年目』の大旦那の諭し、『はてなの茶碗』の茶道具屋金兵衛の貫禄、『天狗裁き』や『鹿政談』での奉行の威厳、『算段の平兵衛』の盆踊りで踊らせられる庄屋の死骸……等々、米朝さんが語る数々の名高座が思い浮かぶ。

戦中から戦後にかけて上方落語は、滅亡の道をたどった。当時の若手であった六代目笑福亭松鶴さんと共に米朝さんは、戦後上方落語復興の牽引車であった。十八番といわれている演目のそのほとんどが、滅んでしまった落語の片言隻句から一席の高座へと創作したものである。これは芸の上での奇跡だ。米朝さんは上方古典落語を創作した人物なのである。

戦中の昭和一八年五月、作家で寄席文化研究のパイオニアである正岡容の門を叩く。米朝さんの芸能に関する文化的な指針は、正岡からの薫陶によるものだ。初めは研究家を目指した米朝さんであるが、壊滅寸前の上方落語界を憂いていた正岡から、噺家の道へと進むことを勧められた。

「なぜ、研究家ではなく、噺家になったのですか」と問うたことがある。

「研究家では食べられへんさかいね。まだ噺家のほうが食えたんや」との答えであった。

昭和二二年九月に入門した四代目桂米団治は、正岡と同じく学究肌の人で、上方落語記録の先駆者でもある。その後、米朝さんは、二人の師匠の仕事を継承発展させている。

落語家としての活動とは別に、大阪の芸能研究の創設者として、上方芸能学という分野を拓いた。『米朝落語全集』『米朝ばなし――上方落語地図』『上方落語ノート』『桂米朝集成』の著作は、その代表的なものだ。

桂枝雀、桂ざこば、桂吉朝といった落語家の後継者ばかりでなく、上方落語特有のお囃子の養成にも心を砕いた。昭和四一年一〇月からは、京都東山・安井金比羅会館で一門のための勉強会「桂米朝落語研究会」を主宰。終演後の反省会では自ら指導した。

昭和四〇年代、高度経済成長で全国に乱立された文化ホールで「桂米朝独演会」という形式で公演、それまで大阪ローカルの芸能であった上方落語の全国区化に成功した。

使命感と無私――米朝さんの活動を眺めてみると、そんな言葉が浮かぶ。米朝さんの退場は、上方の文化・芸能の歴史の大きな区切りとなる――。


（『読売新聞』東京版夕刊、二〇一五年三月二〇日）

呼吸《いき》、間すべて舞踊のよう――桂春団治《さんだいめ》さんを偲んで

大阪・浪花座での「鶴三改め六代目笑福亭松喬襲名特別興行」（昭和六二年一月）時に、「桂春團治」のめくりが出ると、若い女性が「えッ、〝桂春団治〟！　あのひと、まだ生きてるの？」との声を上げたことがある。

映画、舞台、ドラマ、歌謡曲の題材になっている「桂春団治」は、初代のこと。しかし「桂春団治」という芸名は、長らくの間、多くの日本人に親しまれた芸名であった。

俗に「春団治三代」という三代すべてが名人だった。それも芸風が大きく異なった。

落語をポンチ絵の如く爆笑篇に完成させ、レコードでも大いに親しまれた初代。

初代の漫画的面白さを上方落語の真髄で仕立て直し、他地方の人にも分かりやすい芸で披露した二代目。

そして三代目春団治は、日本舞踊と話芸の融合ともいうべき芸を完成し、華麗な芸風だと言われた。

昭和三四年三月、道頓堀角座に於いて三代目桂春団治を二九歳の若さで継いだ。前名・福団治時代までの高座では落語の後には必ず踊ったがそれを封印。大看板襲名へのプレッシャーと楽屋でのやっかみで自らの芸に慎重になった。

最終的には『いかけや』『祝いのし』『お玉牛』『親子茶屋』『子ほめ』『皿屋敷』『代書屋』『高尾』

『月並丁稚』『野崎詣り』『寄合酒』の十一席を「ぼくの芸だと思って頂いて結構です」とご本人に伺った。選び抜かれた演目数だが、演じ方は多様。毎回異なる観客に呼吸《いき》と間で合わせた。「野崎」の出囃子が鳴り響く中、まず舞台端で深くお辞儀をし、高座に座って再び客席へ頭を下げる。両指先で両袖をつまんで羽織をシュッと一瞬で脱ぐ所作だけを見に来るファンもいた。

真上に浮かび上がる高尾の幽霊、代書屋の筆づかいといらだつ表情、皿屋敷へ近づくにつれて恐怖が加わる若者たちの歩み方、踊る若旦那を階段踊り場へと引き上げる女将の所作、さらには扇子、手拭が牛の尻尾にも角にも見せた不思議。

小道具である扇子、手拭の置き場所や、置き方、目線、会話のタイミング、すべてが舞踊のようにとり決められていた。『親子茶屋』では、杖に使うための白扇、踊る時の狐釣り用の扇子と二本の扇をもって高座へ上がったが、舞台上では片一方を隠す。まるでマジックのような舞台であった。

晩年の高座では、その決まり事に丸みが出て、それがとぼけた面白さにつながった。

落語を終え、高座で頭を下げる桂春団治《さんだいめ》。立ち上がり、後方へ下ってもう一度客席へ深々と頭を垂れる。この人の退場を大きな拍手でもって送り出したい。合掌。

（『産経新聞』大阪版朝刊、二〇一五年三月二〇日）

凄み魅せた名人芸――桂春団治さん

「野崎」の出囃子が高らかに鳴り響く中、出番前の春團治は舞台袖で手拭に扇子で「大入」と書き、飲み込む。ここから観客と春團治との勝負が始まる。

『いかけや』『高尾』『親子茶屋』と最終的には一一席に演目は厳選されたが、呼吸や間を変化させた演じ方は多様。ほとんどマクラを振らずに、指先で両袖を引っ張り、シュッと羽織を脱ぐ。舞踊と落語を融合させたその高座は、華麗で繊細といわれた。

手拭、扇子の使い方、置き方、目線の配り、指先の見せ方にまでこだわり、「美」そのものであった。

映画や芝居、歌謡曲にまでなった春團治は、俗にいう初代である。破天荒なエピソードと共に、その芸はポンチ絵に例えられる爆笑落語。実父である二代目春團治は、初代の芸を引き継ぐと共に、上方落語の本格的な演出までも取り入れた。

三代目は二九歳で大看板「桂春団治」を襲名。プレッシャーのためか、自らの芸には人一倍神経を遣い、それまで高座の後に踊っていた「寄席の踊り」も封印した。

戦後上方落語の衰退期に、復興に尽力したリーダー格の六代目笑福亭松鶴、桂米朝、それに春團治と同年の五代目桂文枝と並び「上方落語の四天王」と称されたが、松鶴とは一回りも年齢差があり、実際には弟分であった。

一九九五年一月三一日、枚方市民会館で開催された東京の古今亭志ん朝との二人会では春團治芸の凄みを魅せた。

『代書屋』と『野崎詣り』を演じた春團治。『野崎詣り』では、主人公の喜六が舞台上で飛び上がる程の熱演。この日ばかりは、『二番煎じ』『野ざらし』で挑んだ志ん朝芸も霞んだように思えた。

東京・よみうりホールでの「東西落語研鑽会」では、『代書屋』の高座で観客が春團治の一挙手一投足に感嘆の声を上げた。

東京落語では「野崎」の出囃子で銅鑼の音が入ることが珍しい。笑福亭鶴瓶に連れられて行ったこの落語会の舞台袖でお囃子を担当する若手落語家にそのことを話すと「はいッ!」と銅鑼のセットを渡された。やがて舞台袖に現れた春團治に「あ、銅鑼を叩いてくれるの?」って声をかけられた。そんなことも思い出す。

名人が亡くなるとその芸まで消えてしまう。残念至極である。

（「悼む」、『毎日新聞』全国版朝刊、二〇一六年三月二八日）

六代目笑福亭松鶴——映画のはなし

ご存じのように、六代目笑福亭松鶴は本業の落語以外にも、テレビドラマ、商業演劇、劇場映画にと活躍していた。ここでは松鶴が出演した代表的な三本の映画を簡単に紹介したい。いずれも脇役であるが、ひと昔前の大阪の匂いを濃厚にもった人物を好演している。

『横堀川』（昭和四一年、松竹映画、大庭秀雄監督、倍賞千恵子、中村扇雀〔坂田藤十郎〕ほか）。山崎豊子の『暖簾』『花のれん』を茂木草介が劇化したNHK大阪制作のドラマ『横堀川』（昭和四一年四月―昭和四二年三月）を映画化。松鶴の役どころは、紅梅亭から、吉本せいがモデルである多加（倍賞千恵子）の経営する花菱亭へ引き抜かれる大看板の落語家・笑福亭松鶴役。劇中、初代桂文枝のエピソード「三十石」の質入れを「天王寺詣り」に替えて、それを演じる場面がある。桂朝丸（ざこば）の出演シーンがカットされたという逸話もある作品。

『男はつらいよ 浪花の恋の寅次郎』（昭和五六年、松竹映画、山田洋次監督、渥美清、松坂慶子ほか）。寅さんシリーズ第二七作で、大阪を舞台にした作品。松鶴の役どころは寅次郎が泊まっている新世界ホテルの呑ン兵衛の宿泊客役。寝言でニヤッと笑って、「殺生や……」というのが、いかにも松鶴らしく可愛かった。この映画の予告篇が落語好きの山田監督らしく面白い。富士山に松竹映画のロゴ、ここで普通なら『男はつらいよ』の主題歌のイントロが流れるところであるが、なぜか出囃子〝三下がり括弧〟が流れ、画面にバストアップの松鶴の顔、「大阪にもなァ、おもろい男はいとる。そら仰山いとる。そやけど（と、ここで渥美清のいくつかの表情になって）、寅さんみたいなおもろい男、ホンマに、あんなおもろい男、わい、今まで見たことないわ」と予告篇本篇が始まる。最後にもう一度出てきて、「わても、出てまんねんで……」で終わる。まるで松鶴が予告篇を語っている、といった趣向である。撮影中、松鶴が〝寅さん〟の発音について、関西アクセントに固執したというエピソードが伝えられている。

『薄化粧』（昭和六〇年、松竹映画、五社英雄監督、緒形拳、浅野温子ほか）。松鶴の役どころは炭鉱の経営陣役。麻雀卓を囲んで座り、丸サングラスをかけ振り返りぎみで、緒形拳に「死んだもんはなァ、みっともないいちゅうねん。分かるか。地位ない、なァ。金ない。運ない。三つないねん、なァ。これおば、みっともないいちゅうねん。そんな奴は生きてても、どっちみちみっともない一生送りよんねん。まァ、死んでしもた方が成仏しよんのとちゃうか！」とドスを利かす。

なお、松鶴が大石将軍役で出ていたテレビドラマ『どてらい男』（関西テレビ、昭和四八年一〇月—昭和五二年三月、花登筐脚本）の映画版『どてらい男』（昭和五〇年、東映映画、古澤憲吾監督、西郷輝彦、小柳ルミ子ほか）には出演していなく、代わりに伴淳三郎が大石将軍役を演じた。

（『藝能懇話』第一一号、一九九七年一一月三〇日）

桂枝雀――このふしぎな人

私は物書きだが、師匠は落語家の桂枝雀である。

枝雀は上方落語の爆笑王といわれた。英語落語を始めた人でもある。そして落語以外のことにはまったく興味を示さないふしぎな人でもあった。

話題はいつも落語のことだけ。けれど私はその落語ばなしから世の中の森羅万象を学んだように思う。初めて「桂枝雀」の名前を知ったのは高校時代。同級生の土谷クンに「お前は枝雀やな」と言われて「枝雀ってなに?」と訊き返したのが最初だった。

今でもその傾向は変わらないが、私は冗談を言ったり、モノマネをしたりするタイプの生徒であった。彼は私の笑いの傾向に枝雀を感じたのかも知れない。

そのことがあって私は師匠のことを知り、高座を見るようになった。将来の進路を決める時期に、土谷クンは「お前は枝雀の所へ行くべきだ」と冷静に言い切った。そんな不思議な方向性を与えてくれた友人に私は卒業以来会っていない。

それから何年も経って、私は枝雀を師匠と呼ぶようになった(経緯は省く)。私は師匠の紹介で所属プロダクションの米朝事務所で働いた時期もある。入社祝いにネクタイとベルトを貰った。熨斗には「共にがんばって働きましょう。桂枝雀」というような文字が書かれていたように記憶している。ただ、私は弟子というよりかは子分といったほうが実態に近かった。噺家ではないので修業はない。強いて仕事といえば、師匠を楽しませることであった。

「何か面白いことはないですかなあ？」というのがいつもの師匠の第一声である。いろんなことを面白おかしくしてしゃべって聞いてもらう。

ある時などは、街角で偶然五日ぐらい連続して師匠と出会ったことがあった。

毎回、「飲みに行こ？」と誘われ、「何か面白いことはないですかなあ？」と言われしゃべりまくったが、さすがに五日目に出会った時には、話すネタがないと電柱の陰に隠れた覚えがある。恐らく師匠の頭の中では私は「おもろい変わった奴」という認識があったのだと思う。

爆笑王の師匠が私の弟に初めて会った時に、「いつもお兄さんには笑わせてもらっています」と挨拶した。弟が驚いた。彼は師匠の落語で涙を流して笑い転げていたことがあったからだ。

なので宴会などがあれば、モノマネなどをよく師匠からリクエストされた。移動バスの中で四時間ぐらいモノマネを続けて、「これはあんたに祝儀を払わんといかんなあ」と飲みに連れて行ってもらったこともあった。

モノマネでは、ことに映画『男はつらいよ』のフーテンの寅がお好みで、それも映画のワンシーンを延々としゃべる。

泊りがけで米朝一門で宴会をした時には「タカギ（私の本名です）、寅さんを演りなさい！」と、リクエストした師匠の頭の上にはすでに茶碗が乗っていた。酔っぱらっているのだ。

私がモノマネを始めると、師匠よりさらに酒に酔っていた桂ざこばさんが「止めんかい！」と怒鳴る。私が素早く師匠のほうを見ると、「止めてはダメです！」と言った。

「止めんかい！」

「止めてはダメです！」

「止めんかい！」

「止めてはダメです！」

これの繰り返し。私にとっては地獄である。

別の宴会では米朝師匠の前で寅さんのロクマという占いの啖呵売の口上をしゃべったこともあった。その時には米朝師匠から「お前《ま》はん、ロクマってなんのことや知ってるか？　胡麻の蠅の一枚上でロクマなんやな。それから、お前はん、時々後ろを振り返ってしゃべってたが、後ろに顔かなんか描いてある占いの図でもあるつもりやろ？　それやったらもうちょっとはっきりと後ろを見たほうがそれらしい見えるで」とダメ出し。米朝師匠は親切な教育者でもあった。

米朝・枝雀、タイプが一八〇度違った。

枝雀ご贔屓の「呉春」という店で師匠と私が並んで米朝師匠の話を聞いたことがある。芸談だ。枝雀は「ふんふん、ふんふん…」と、私は話をよく聞いていますというポーズである。

私は米朝師匠の話に興味があるので「米朝師匠、それは〜の時のことですね」と質問した。するとそれを聞いた枝雀は、跳ねるようにクルッとこちらに体勢を変え、「タカギッ！　ちゃあちゃん（一門は米朝をこう呼ぶ）がしゃべってはるのに……」と頭を小突かれた。

すると米朝師匠が「いやいや、なんでも訊いてくれたらええんや」と言うやいなや、やはりクルッと体勢をこちらへと変え、今度は「タカギ、ちゃあちゃんのお許しが出た。どんどん訊きなさい！」。

呆気にとられた。

この時は米朝事務所のある南森町から梅田のその店「呉春」へ三人でタクシーで移動した。車中で後部座席に米朝師匠と並んで座った枝雀が、「あッ、ちゃあちゃん、紹介しときますわ」と助手席に座っている私を見て、「この男、タカギちいますねん」と紹介した。私が米朝事務所でもう何年か働いている時分である。

米朝師匠は少し驚いていた。

「いや、わし知ってるがな。タカギやろ?」

「えッ、ちゃあちゃん、なんでタカギなんか知ってますねん?」

「いやいや、そら知ってるがな。事務所におるやろ?」

「ちゃあちゃん、それほんまですかいな?……私ね、この男好きですねん」と突然わけの分からんことを言う。米朝師匠も負けず嫌いである。

「いやいや、わしかて好きやで」

「ちゃあちゃん、それほんまですかいな。私、ちゃあちゃんはタカギなんか知らんと思てますがな……」と言いながら私の方を見て、「わしな、あんたの面倒は見るからな」と言った。

米朝師匠は、面白いほど生真面目な人である。楽屋では「ものごとをアバウトに出来ないちゃあちゃん」とも言われていた。

この時も「枝雀、それはええねんけどな、お前はんが死んだらどないなんねん?」と訊いた。

「えッ……!」。枝雀は絶句した。私は我が師匠に何か助け船を出さなければと思い、「その時は、私、師匠の埴輪になりますわ」と言った。

枝雀はほっとした顔をして、「そうですねん。その時はこの男、私の埴輪になりますねん……」。

米朝師匠は「へえ……」と言ってそれ以上は何も言わなかった。呆れていたのだろう。枝雀が亡くなって、二〇年近くになる。私はいまだ埴輪になっていない。

桂枝雀、今井浩元米朝事務所会長、筆者

追記として――

では米朝師匠は、私のことをどう思っていたのか？

枝雀没後、それなりの時間が経って米朝宅の台所横にある掘り炬燵で米朝師匠と私に宗助（二代目桂八十八）さんの三人で一杯やりながらしゃべっていた。枝雀の話になって宗助さんが言った。

「しかしタカギさんは枝雀師匠にはえらい目に遭ってはりましたね」

彼が言うのは枝雀が私に対しては我がままだったという意味であろう。豊田善敬さんという研究家の先輩は「枝雀師匠は、君に対してはえらい理不尽やねえ」と言った。

それはそうだろう。こっちは子分なんだから。だがその時、米朝師匠は違う意味に受け取ったようだった。

「えらい目に遭うた？　それは枝雀がわけが分らんとそんなことをやってたんやろう」

のちに宗助さんが「うちの師匠はタカギさんと枝雀師匠の関係はご存知ないんでしょうね」と言っていた。

その時だったか、また別の日だったか、同じ掘り炬燵で同じ三人でやはり飲みながらの話の流れで私は米朝師匠に言った。

「私にとっては小沢昭一先生とか、大西信行先生、加藤武先生なんかは大叔父みたいな方々でしょうね」

正岡容門下では小沢昭一、大西信行、加藤武の諸先生方は、米朝師匠にとって弟弟子に当たるので師匠の師匠の兄弟弟子で「大叔父」と言ったのだ。

「大叔父？……叔父やないかい！」

米朝師匠は「なにを言うてんねや」という顔をしていた。私はその瞬間、米朝の直系弟子になったような気になった。じゃあ、桂ざこば師匠にも「ざこば兄さん」と呼んでもいいのかなと思ったりもした。

まあ、ざこば師匠は「学ちゃん、オレは別にかめへんよ」と言ってくれそうだが、周囲との関係もあるのでやはり今後も「ざこば師匠」と呼ばせて頂こうと思った次第である。

（『群像』二〇一八年一二月号）

新・上方落語ノート

先日、部屋を掃除していたら小さなノートが見つかった。筆者は、ほとんどメモを取らないが、そこには一九九四年との添え書きがあった。二一年前だ。このノートに桂米朝、桂枝雀に連れられて、大阪キタにあった「呉春」へ行った時の会話が少し書かれていた。

この時は先に米朝事務所のソファーで少し酒盛りをしてから筆者を含めた三人で先行して店へ行った。あとで数人の噺家がやってきた。二階の席だったような気がする。

面白いものなのでこのメモから少し紹介してみる。

枝雀「ちゃあちゃんは、私らが落語をいろいろと（演出を）変えて演っていくのをどない思たはります？」

米朝「……いや、それはええことやと思う。だいたい今の落語は江戸時代から明治二〇年代ぐらいに完成されたもので、その当時の落語批評というのは、何を基準にしていたかというと浄瑠璃を基本にしてたんや。人物描写なんかを……それをつい四、五年前にわしも分かったんや。そんなもんと落語は違うちゅうねん。それで（上方言葉の研究家で大学教授の）前田勇さんなんか新聞で落語批評なんかを書いてて、わしが（マンモス演芸場の）千日劇場で演ってるのを落語会で演ってるものと同じように書く。演芸場で漫才や色もんのあとで演る落語は違うんや。お客は漫才を聞きに来てる。「宴会で居残った」とか、「大掃除の次の日に来たみたい」てなことをタイヘイトリオのあとの出番の時なんかには、わしは言うてた。それがつかみや。それでいろんなことを言うて、やっと『犬の目』やなんかで受けさせて……それを(海原)お浜・小浜さんなんかが聞いてて。その頃、小浜さんは、わしに「米朝兄さん」言うてて、「今、(お浜)姉ちゃんと言うててんけど、六代目(松鶴)と同じネタを演ってても全然違うなあ、言うて」。六代目は、わしが新しいことを演るさかい、わざと古風なままで演ってた。それで前田さんに言うてんけども、それが分かれへん。そやさかいわしはじんわり『上方落語ノート』に書いてんけどな」

枝雀は筆者に向って「あんた、こんなん書きや。一門の話書くねんで」と言った。

米朝は「いやいや……そら書きよるで(笑)」と言い、そして「枝雀、わしはお前《ま》はんが(弟子に)おったということが幸せやと思てんねん。枝雀は一〇儲けて来て九まで皆にばらまくやっちゃ。そやからざこばなんかもそれを真似して良かった。けど、ざこばは、その中から一ぐらいは隠してる奴やけどな(笑)」。

最後の言葉は米朝流の洒落であろう。

(「戸田学の雑学ノート」、『産経新聞』大阪版夕刊、二〇一五年一一月二八日)

桂米朝さんから聞いたこと

人間国宝の落語家・桂米朝さんの（神道での）二年祭を迎える。そこで生前の米朝さんから聞いた話をいくつか。

阪急電車高架下のかっぱ横丁にある阪急古書のまちが、紀伊國屋書店梅田本店隣の通り「うめ茶小路」に来月二七日より移転する。

かつて老舗古書店「杉本梁江堂」が、その阪急古書のまちに進出した開店祝いで目玉商品が何点か並んだ。

私は米朝さんの師匠である正岡容が新派の花柳章太郎に献呈した記銘入りの『艶色落語講談鑑賞』と『東京恋慕帖』を購入。その『東京恋慕帖』の中に「花柳大兄」と記された、花柳への「小生門人桂米朝」紹介の正岡の名刺が挟まれていた。それを米朝さんに見せた。

「またえらい奴の手に入ったなあ（笑）。これはな、わしとこへ正岡さんから本を二冊送って来てな、一冊はわしの分で、もう一冊を、その名刺を持って千日前の歌舞伎座の花柳さんの楽屋へ訪ねたんや。花柳さんとはその時、初めて会うたんや」

演劇評論家の廓正子さんのアドバイスもあって松竹の記録に当たってみた。この時の公演は、昭和二四年五月の大阪歌舞伎座での新生新派公演のことであった。

三代目桂春団治さんの遺品から、米朝さん直筆『親子茶屋』の台本が見つかったという。大阪放送（現・ラジオ大阪）では、昭和三四年三月二三日―六月一五日にかけて「浪花寄席・桂春団治アワー」として春団治さんの落語一三席を放送した。

産経会館や大手前会館、堺市鳳幼稚園等方々で収録。

春団治襲名に際し、米朝さんから新春団治さんへ『親子茶屋』の他、『代書屋』『皿屋敷』『始末の極意』『色事根問』の都合五席が譲られ、それらの演目も放送された。時間は一五分である。

「春団治から電話がかかって来てな。『親子茶屋』を一五分で演るにはどないしたらええ？」と訊いて来た。「そんなもん、適当にカットして演ったらええがな」「いや、それが出来んさかいに君に訊いてんねや」と言うからな。「それやったら、頭んとこを切って、どこそこも縮めて」って教えたんや」。

そんな細かいエピソードも記憶にある。

（「戸田学の雑学ノート」、『産経新聞』大阪版夕刊、二〇一七年三月一八日）

ビリー・ワイルダーの落語『あなただけ今晩は』

先日、「新・午前十時の映画祭」で、久しぶりにビリー・ワイルダー監督の佳作『あなただけ今晩は』（六三）をスクリーンで楽しんだ。

この映画はビリー・ワイルダーの落語ともいえる作品である。私は恩師である桂枝雀にそのことを大阪キタにあった「呉春」のカウンター席で話したことがある。

「師匠、『あなただけ今晩は』って映画をご存知ですか？　これが落語のような話なんです」

「ほう。どんな話なんや？」

私は、ストーリーを話した。

フランス・パリ中央市場に近い娼婦街カサノバ通りに、生真面目な巡査ネスター（ジャック・レモン）が赴任する。彼は警察と良い関係を結んでいる娼婦たちを一網打尽に逮捕する。常連客の中にはルフェブル警部もいて、ネスターは即刻解雇される。

打ちひしがれて娼婦街のカフェ「口ひげ亭」へ戻ってきたネスターは、そこで顔見知りの娼婦イルマ（シャーリー・マクレーン）をイジメる彼女の商売代理人「ヒモ」のヒポリトを倒して、彼自身が彼女の「ヒモ」の座に収まる。

イルマに惚れたネスターは、彼女が客を相手にするのが許せず、彼自身が英国紳士X卿に扮してイルマの元へ通う。イルマに渡す金は、早朝に中央市場で労働して稼いだが、毎日、早朝労働で疲れきったネスターは、イルマの相手をしてやれず喧嘩になる。

やがてイルマはX卿に恋をし、ネスターは自身が扮したX卿に嫉妬し、彼を亡き者にせんとして、X卿の衣装をセーヌ側へ投げ込むが、その衣装が川面に浮き上がってくる。

その一部始終を目撃したライバルの「ヒモ」ヒポリトは、警官に通報、ネスターはX卿殺害容疑で逮捕されてしまう……。

カフェのマスター（ルー・ジャコビー）の言う「これはまた別の話」というセリフは、この映画が大好きな三谷幸喜が自身脚本のドラマ『王様のレストラン』にも重要なセリフとして登場させている。

くだんのストーリーを聴き終えた枝雀は静かに言った。

「でも、それは落語では出来ひんで」

四六時中、落語のことを考えている枝雀であった。これはまた別の話……。

（「戸田学の雑学ノート」、『産経新聞』大阪版夕刊、二〇一四年九月二七日）

上方落語の人々

米揚げ笊

雑談をする。今では〈米《こめ》揚《あ》げ笊《いかき》〉という方がこのネタのとおり名となってしまったが、その昔は〈いかきや〉という名前のほうがよく通っていたようだ。先日、桂枝雀門下の俊英・桂雀々がこのネタを自身の落語会で演じるために〈いかきや〉と広告を出したところ、情報誌の『ぴあ』が、気を利かしてか、わざわざ〈いかけや〉と訂正していた。〈いかけや〉はご存じのように関西では、代々の桂春団治の十八番で、特にこのネタを演じる場合に限っては、三代目春団治の許可がいるのである。この小さな事件、ご当人・雀々がいちばん驚いた。現在、〈米揚げ笊〉自体が〈いかきや〉と称しなくなったのは、この〈いかけや〉と紛らわしいというのもひとつの理由にある。もっとも、雀々のスタッフとしては落語会に比較的よくかかる〈米揚げ笊〉よりも〈いかきや〉で、落語ファンを釣ろうと当て込んだというのが正直な話である。この件、当然、ご当人の責任ではない。ただし、この〈いかきや〉は昔から紛らわしい演題ではあった、桂米之助の証言によると、その昔、三越落語会ではこの演目が〈いかやき〉になっていた。これは誤植。初代の桂春団治（一八七八―一九三四）はＳＰレコードを何枚も吹き込んで大いに売れた人だが、しまいに吹き込む落語が無くなって、演題だけ代えて録音した。この落語も〈米揚げいかき〉だけでなく〈ざる屋〉というレーベルにもなっているが、内容は〝いかき〟で演じられている。いうなればサギである。

ご承知のとおりこの〈米揚げ笊〉は初代の桂文団治（一八四三―一八八六）作といわれている。初代文団治は「塩鯛」という俗称で、その流れを汲む三代目桂文団治門人の桂塩鯛（一八七七―一九四三）は、ご当人曰くこのあだ名の初代文団治を代数に数えての三代目らしい。このことは昭和四年発行の騒人社版『名作落語全集 第二巻　頓智頓才篇』の桂塩鯛の〈米揚げ笊〉の速記に出てくる。「この落語は初代桂塩鯛の原作で御座いまして、これが塩鯛の名をつぎます者は必ず譲られる事になって居ります。私は恰度三代目で……」と冒頭で話しているが、あだ名を継ぐものも、またそのあだ名に代々譲られるネタがあるというのも、まったく大阪らしい、噺家らしいズボラな話である。本人は三代目と言っているが、この「塩鯛」を名のっていたのはこの人のみらしい。もっとも桂塩鯛襲名話はあった。それを言いだしたのは六代目の笑福亭松鶴（一九一八―一九八六）である。この人は噺家の息子だけあって、古い芸や古い落語家を数多く見知っており、それをひとつの見識にもしていた。松鶴から桂塩鯛襲名を指名されたのは、現在の桂ざこばで、彼がまだ桂朝丸《ちょうまる》と名のっていた時代のことである。のちに二代目ざこば（大阪の魚市場「雑喉場《ざこば》」にちなむ）を襲名するくらいであるから、「桂塩鯛」なら、もともとそういった因縁がなかった訳でもない。「ちょッ、朝丸、塩鯛を襲名しいや」と言われた朝丸氏、「なア、塩鯛ってエエ名前やで。どない思う兄ちゃん?」。酒席を共にした兄弟子の桂枝雀にそう語りかけた。枝雀も「なア、そらエエで、塩鯛。それ、いこ、朝丸。やっぱり六代目師匠、エエこと言わはるなア。それやったら、弟子の都丸《とまる》は塩ジャケとか、喜丸は塩辛とかになれるわなア……」と無責任に勧めた。そばで聞いていた桂千朝は、「塩辛て……、まあ、桃屋は喜ぶか」と勝手に思っていた。「そう思うか、兄ちゃん。そしたらこれからちゃあちゃん（師匠の桂米朝のこと）に電話するわ」「エッ、ちゃあちゃんとこ電話するか……。それやったらわし、ここにおらなんだことにしてくれるか」。盛り上がった朝丸氏、さっそく米朝宅へ電話。「師匠！　松鶴師匠に言われたンでっけどねェ、塩鯛、エエ名前でっしゃろ。わたしにピッタリだ。継ごう思いまんねん……」「なんで、わしの弟子の名前を松鶴が決めんねン！　どこで呑んでる？　今、すぐに来い！」。「エエッ！　皆、悪いけど、ちゃあちゃん、すぐに来い言うてンねン、怒ってはるねン、一緒について来てくれるか」。米朝宅へ着いた一行は、米朝から「桂塩鯛」という名前がどんな名前で、どんな由来があるかを聞かされ、「あの名前は米紫《べいし》（一九二七―一九九五）に返したらなアカンねン」。桂塩鯛の前名は桂米紫であった。結局、米朝は一緒に呑む相手が欲しかったのだ。朝丸にとってはドキドキの一夜、その時分、自宅へ帰り着いた枝雀は風呂へ入り何ごともなかったかのように高イビキで寝ていた。

この〈米揚げ笊〉、私の知っている限りでは、先の初代春団治が〈ざる屋〉として吹き込んだものが、やたらにおかしい。ギャグも秀逸である。現在の〈米揚げ笊〉のもとを探ると六代目の実父・五代目笑福亭松鶴（一八八四―一九五〇）に行きあたる。戦後、この落語を後輩に伝えたのは寄席の「戎橋松竹」にあった出店「松葉」の二階で、五代目から同時に稽古された桂米之助と六代目松鶴である。桂米朝演じる〈米揚げ笊〉はこの米之助の聞き覚え。笊屋がざるを売りに出かけるシーンで、扇子をおうこ（天秤棒）に見たてて演じる訳であるが、六代目は豪放さを出すためか、笊を担いで売りに歩く演出をした。七代目笑福亭松鶴（松葉・一九四七―一九九六）の〈米揚げ笊〉は米之助から伝えられたが、この場面のみ六代目演出に従っている。パラパラと少し開いた白扇を手紙に見たて懐からのぞかす演出も六代目松鶴はしていたが、これは手紙を手ぬぐいで演出する米朝演出の方が自然であるし、落語らしい。もっともこれは好みではあるが。最近、十数年ぶりに演《や》りだした先ほどの桂雀々はラストの笊屋が堂島の相場師をしくじるシーンをカットしてサゲにもち込む演出をしている。珍品では

『素人名人会』（毎日放送）や『おやじバンザイ』（朝日放送）の名司会で知られた漫談家の西條凡児（一九一四―一九九三）が、戦前の漫談明朗塾時代に五代目松鶴から〈米揚げ笊〉を教えられ、彼はそれを演じることが出来た。これは雑談の雑談。

〈一九九九・一・一記〉

（『藝能懇話』第一二号、一九九九年五月三〇日）

大阪の風物詩に――桂ざこば一門 秋のらくご祭

おもろい！――もしも今、日本で一番面白い落語家さんを決定する選考会があったとすれば、桂ざこばさんは本命のひとりであることには間違いないと思う――。

当然、落語が面白い――かつて、桂枝雀さんが「ざこばのマクラは、もうマクラだけでえら落語でっしゃないか。ぼくはそれだけで高座を降りて来ても（一席の落語であると言っても）ええと思う」と話していた。ざこばさんのしゃべることすべてに落語の言語空間、リズムが存在する。これは希有なことであり、すごいこと。誰にでも出来ることではない。

行動がメチャクチャ――この夏、ざこばさんは酔って転んで左足首を骨折。その骨折が直らぬまま、歩き回り、悪化、入院、手術。術後、お弟子さんのちょうばさんに押された車椅子に身を沈めるように私の前へ現れた帽子にサングラス姿のざこばさんは「やってもたがな！」と嬉しそう。なんかふざけている。

思えば十数年前も、俳優の松方弘樹さんとの忘年会の席上、酔って熱湯のゆだっている鍋へ背中からドボンとつかり大ヤケド。この時も「白菜の気持が分かったがな！」とうそぶいた。行動すべてが落語である。こんな落ち着きのない、おもろい五八歳は世間広しと言えども、ざこばさんだけだろう。普通の大人ではない。が、そんなざこばさんが、ぼくらには堪らなくおかしいし、大好きだ。願わくばいつまでもそういう大人であって欲しいと願う（ご家族はたいへんだと思うが――）。

今日はそのざこばさんの元へ集まった一門総勢でのらくご祭――筆頭の都丸（塩鯛）さんを中心に（こうなると喜丸さんの早世がかえすがえす寂しい限り）、出丸さん、わかばさん、ひろばさん、ちょうばさん、孫弟子の都んぼ（米紫）さん、さん都（鯛蔵）さんといったざこばさんのＤＮＡの後継者たちがにぎやかに集う。

願わくは、この「桂ざこば一門 秋のらくご祭」が思いつきで終わらず、末永く秋の大阪の風物詩になりますよう切に願っております。

追記　この文章を読んだざこばさん、「自分（私のこと）は、オレのことをあんな風に思《おも》てたんやな！」。

（ワッハホール「桂ざこば一門 秋のらくご祭」パンフレット、二〇〇五年九月一七日）

桂ざこばさんの復帰

五月二七日、桂ざこばさんが、左中大脳動脈閉塞症、塞栓性脳梗塞で緊急入院されたと伺い、少なからずショックを受けた。

滝川裕久マネージャーに「心配ない」と言われて見舞いに行くと、ざこばさんはリハビリ治療中であったが、身体には異常もなく、出にくい言葉や単語はあったが、病院の話では完治するとのことであった。一安心である。

七月二九日、新神戸オリエンタル劇場「ざこば・南光二人会」のご挨拶で舞台復帰した。出番は中入り後。ざこばさんは、自ら締太鼓の前に座るとシャギリを打ちだして周囲を驚かせた。続く『御船』の出囃子で高座に出向く彼を客席は万雷の拍手で迎えた。

「待ってました!」のかけ声がかかる。「ははは…おおきに……」。取り出した手ぬぐいで涙を拭い、「いや、こう出て来る時ね、泣かんとこうと思て来ましたんや、そしたらもう…」と言うとさらに大きな拍手が会場を包む。

「それも向こうでちゃーんと、ちょっとだけ太鼓叩いて、絶対泣かへんぞオレは…ここへ座って、わはははは…言うて、ほいでオレは出て来るぞ言うて、ビヤーッとこっち入って来ましたんや。で、こうして目ぇ開けたらバア〜ッ泣いとんね、あほや」といったいつもの調子であった。少し出にくい言葉や単語はあっても、本人の努力もあって驚異的な回復である。

なぜ当初、私は少なからずショックを受けたかと考えてみた。

世間的には、ちょっと過激で怒ったり泣いたりする愛すべきキャラクターのタレントとして認知されているざこばさんであるが、こと上方落語界に於いては非常に貴重な存在の人である。

ざこばさんの語りだす上方古典落語は、古き佳き戦前から続く大阪の空気感を漂わせ、師匠の桂米朝さん譲りの落語の所作事を駆使しながら、その登場人物ひとりひとりに喜怒哀楽を発揮させる話芸の持ち主なのだ。

『一文笛』『崇徳院』『へっつい幽霊』『狸の化寺』『らくだ』『肝つぶし』『厩火事』『遊山船』等では、その話芸で大阪の砂埃まで際立たせる。

私は米朝宅の掘りごたつの席で米朝さんに言ったことがある。

「今、ざこば師匠が日本一の噺家ではないですかね」

「いやいや、ほんまそうかも知れんで…よし、今度ざこばに会ったら言うたろ。お前、日本一の噺家になってんなあって……」

同席していたのちに二代目桂八十八を襲名することになる桂宗助さんが、「師匠がそんなことをおっしゃったらざこば師匠は泣かはると思います」と言った。

その後、病気の後遺症から持ちネタをゼロから再構築することになったざこばさんの努力は傍で見ていて驚くしかなかった。

失礼ながらそれまでは「オレはこんなもんや」と言ってその日の風に任せるきらいのあったざこばさんだが、それ以降、手の内にした例えば『上燗屋』や『笠碁』といった作品では、聞き手の脳裏に物語の映像をはっきりと思い浮かばせる所作事が本当に細やかになりそれが見事であった。

彼の目線や指先に、例えば『上燗屋』では、屋台のカウンターに熱燗の酒器を置く風景が脳裏に浮かび、『笠碁』なら、碁盤の盤面や駒まで鮮やかに浮かび上がらせた。一五歳から桂米朝さんに仕込まれた落語の芯の部分が身体から滲みだした形だ。

さらにそこにざこばさん特有の〝情味〟が加わる。これまでの芸風と打って変わって丁寧に丁寧に落語を語った。こう言ってはなんだが、病気以前にはなかった芸の境地を迎えたように思えた。

右記の米朝さんとの会話ではないが、もはやざこばさんは大阪落語の名人と言い切れる。

もし米朝さんやざこばさんを可愛がっていた六代目笑福亭松鶴さんがこれらの高座をご覧になったら「うん、うん」と笑みを浮かべてご覧になられたことだろうと思う。

（「戸田学の雑学ノート」、『産経新聞』大阪版夕刊、二〇一七年八月一九日）

鶴瓶噺2015

笑福亭鶴瓶さんは不思議な話術家だ。マスコミの人気者で自らもその露出度を意識している感じがあるのだが、若手のころから最も積極的に活動していたのがライブでの公演であった。

鶴瓶さんに特筆されることは二つの話術的テクニックを近年手中にしたことである。どういうことかといえば、まず本職である落語は聴き手の脳裏にその噺の世界を構築してもらう話芸なので、〝言語明瞭〟でなければならない。

その〝言語明瞭〟な鶴瓶落語の話芸に比して、言わばその反対に位置する自らの体験談を元にしたトーク「鶴瓶噺」は、〝言語不明瞭〟な話術にこそ魅力がある。

鶴瓶の擬音満載の〝言語不明瞭〟な話術で少しずつその独特な鶴瓶ワールドが観客の脳裏に浮かぶからこそ、彼が語る人物に等身大の親近感が抱けるのであろう。

年一回の鶴瓶噺の今年は「太田胃散 presents 鶴瓶噺2015」と題して四月―六月に東京・新潟・福島・名古屋・大阪・福岡、そして再び東京と全一八回公演が開催された。

「鶴瓶噺」は、まず過去一年の鶴瓶が体験した世界を語る。身近な人々や出会った人たちとのエピソード。最後に今年のテーマとしての話と、その話題をVTRにまとめて上映する。

今年のテーマは、亡くなって三〇年目に当たる鶴瓶さんの師匠・六代目笑福亭松鶴。お馴染のエピソードが次々と語られる。

「ダイシンのガスライター、小さい奴にね、ガス入れて、兄弟子がね、「どれぐらい火柱立つねやろ?」。バァ――ッとやったら、ガスバーナーみたいになってて遊んでてん。それを〝小〟にするの忘れててん。うちの師匠ね、（吸ぅ煙草が）ショートピースやねん。帰ってきてね、ポン、ボゥ――ッ！「（悪戯ばかりする鶴瓶に）おのれやろ！　おのれやろ！　こんなテロみたいなことをすんの……」」

私が見た五月二三日の大阪公演では、愛犬チャッピーが死ぬ日に遭遇して「お前を殺さはった人が来はった」と松鶴師匠に言われる「チャッピーの死」がなかった。また聴いてみたいと思う。

六代目は、師匠である実父五代目松鶴没後三〇年目に「六世松鶴極つき十三夜」という大きな落語会を開催してその恩に報いた。

鶴瓶さんは、同じく師匠没後三〇年目にもう一度、六代目松鶴を世に問うイベントを全国で開催した。

泉下の松鶴さんが満足そうにうなずいている姿が目に見えるようだ。数多くいる門下の中でも彼にしか出来ない恩返しの形である。

（「戸田学の雑学ノート」、『産経新聞』大阪版夕刊、二〇一五年六月二七日）

桂米八さんを偲ぶ

桂米朝一門で中堅落語家として活躍されていた桂米八さんが去る一月二〇日に亡くなった。享年五八。あまりにも早い。

昭和四九年三月の入門で同期の桂千朝さんと同じく早世した桂吉朝さんとは内弟子生活を共にした。噺家としては器用な方ではなかったと思うが、それでも米朝一門の演目以外にも五代目桂文枝譲りの『りんきの独楽』や『猿後家』などを几帳面に演じていた。

昭和五九年一一月、曲独楽の伏見紫水に入門、その芸を継承する。伏見紫水さんの師匠・但馬源水は戦前から戦後に活躍したが元は落語家だった。要するに曲独楽は本来は噺家の余芸である。

米八さんの曲独楽は一流であった。大きな江戸独楽を右手で「グゥル、グル！」と言うだけで回して見せる。それを左手の甲に載せ、また右、左と載せ替える。「説明するだけでもややこしい！」と言う米八さんの口上は、師匠紫水さんの中性的な喋り方を継承し、周りが幾らアドバイスしても頑なに変えなかった。

煙管の吸い口の上で江戸独楽を回す「煙管独楽」では、煙管の先で独楽を斜めに傾ける。「昔懐かしい風車の形！」。その独楽を左手にもった見えない糸（？）で引っ張り、「気おつけ！」と真っすぐに立て直し、回っている独楽に「商売…商売…」と声をかけ、終われば、「あんた、なかなか賢い」

と言った。

木の輪っかの上、中を左右上下に独楽を素早く操る「輪抜けの曲」では、芸の披露が終わると「凄い！　お見事！　名人！　ブラボ～～！」と叫んだ。

扇子の地紙の上で回す「末広がりの曲」、五つの小さな独楽を板の上でそれぞれ自在に操る「五つ独楽」、小刀の刃の上で独楽を手前から切っ先へと這わす「刃渡り」……綱渡りをする「糸渡り」を終えてから「これからが一番難しい芸、糸を巻くところ」というのはご愛嬌であった。

系統に伝わる大技「萬灯篭の曲」が、関西テレビにハイビジョン映像で残されているのは何よりだと思う。

手先の器用な人で曲独楽の小道具から袴台まで何でも自分で作り、自家用車のトランクの間仕切まできっちりと工夫するという几帳面なところもあった。

楽屋では賑やかな人で嬉しそうにいつまでもしゃべり続けていた。もう米八さんの「もうええちゅうのに！」という突っ込みが聞けないのはやはり寂しい。

（「戸田学の雑学ノート」、『産経新聞』大阪版夕刊、二〇一五年二月二八日）

桂塩鯛を言い出したあの頃

おめでたい襲名披露公演の番付ともなれば、厳粛な祝辞が並ぶものである――。名作落語『代書』のセリフ「それでは読むもんがおもろない」ではないが、米朝事務所の担当マネージャーの滝川裕久氏から「お前はもっと軽く読める内容のものを書け！」との趣旨のご連絡をいただいたのが、七月の半ばであった。締め切りは、ほとんどないのだが大好きな桂都丸さんの四代目桂塩鯛襲名披露だから二つ返事で承諾した。

かつて、都丸さんの落語についての文章を書かせてもらったことがある。雑誌『上方芸能』の第一一六号（平成五［一九九三］年一一月一〇日発行）だから、もう一七年も前のことになる。この時代は、都丸さんとは毎日のように遊んでいた。都丸さん、喜丸さん、出丸さんと、ときどきわかばさんが参加しては、お酒を飲んではしゃべっていた。

都丸さんの桂塩鯛襲名の話題が出たのは、そのころのことである。――といっても正式にではない。酒の肴として、勝手にしゃべっていたのである。

塩鯛襲名には前段階がある。都丸さんの師匠・桂ざこばさんが、ざこばを襲名する以前の桂朝丸時代に六代目笑福亭松鶴さんから「ちょッ、朝丸、お前は塩鯛を襲名しいや！」といわれた事件があった。

朝丸さんは、大いに盛り上がった。朝丸さんの兄弟子の桂枝雀さんも盛り上がり、「なあ、そらええで、塩鯛！　それ、行こ、朝丸。やっぱり六代目師匠はええこといわはるなあ。それやったら、弟子の都丸は塩ジャケとか、喜丸は塩辛とかになれるわなあ」と喜んだ。同席した桂千朝さんは「塩辛って……まあ、桃屋は喜ぶか」と思ったんだそうだ。

だから、最初の都丸さんの改名候補は塩ジャケだったのである。

このときは盛り上がった朝丸さんが師匠の桂米朝さんに報告。米朝さんが「なんで、わしの弟子の名前を松鶴が決めんねん」といったので、この話はお流れとなった。でも、同時に「わしには考えている名前がちゃんとあんねん」ともいったと聞いている。だからその名跡が、桂ざこばなのであろう。

そんなエピソードがあったので、酒の席でどんな名前を襲名するか？　という話題が出るのは当然のことである。それにかつてざこばさんが松鶴さんにいわれた名跡・塩鯛が候補に挙がるのもこれまた当然であった。都丸さんはいった。

「ざこば（大阪の魚市場・雑喉場のこと）の弟子で塩鯛って、勢いがあってええがな」

ここで注釈を加えておくと塩鯛には、別に勢いがあるわけではない（おめでたい席ですみません）。普通は、鯛の塩焼きのことだと思われるむきもあるようであるが、そうではなく、鯛の干物のことである。

桂塩鯛の話題から、桂文団治の話題にもなった。塩鯛は、初代桂文団治のあだ名で俳名でもあったのだ。

「文団治襲名でもいいんじゃないですか」なんて無責任なことをいって、盛り上がった。大阪北区の亀すしの二階で、二人で呑んでいた時のことである。そのとき、お客さんがやってきて、「ああ、都丸さん、いつも見てますよ」と励ましてくれた。そこで、「来年、襲名しますからよろしく！」なんていうと、都丸さんは「いらんこといわんでええねん！」といいながら、まんざらでもないような感じで笑っていた。

その都丸さんに弟子が出来た。林クンといった今度、桂都んぼから四代目桂米紫を継いだ彼のことである。

「どんな名前をつけよう？」

これもひとつの酒の肴である。で、私、いいましたよ。

「太平洋鯱丸というのはどうです？」

「それ、なんやねん？」

「かつて、塩鯛が名のっていた名前ですわ。都丸さん、林クンの名前がついたら、いずれ米朝師匠のところへ報告へ行くでしょ？」

「そら、行くがな」

「で、いわれますわ。「で、なんという名前がついたんや？」「太平洋鯱丸ですわ」「太平洋鯱丸？それやったら、都丸、まず、お前はんが、桂塩鯛にならんとあかんのと違うか？」とすっくり行きますわ」

「そんな上手いこと、話が決まるかあ？」

あれから一六年ほどの歳月が経って、桂都丸さんが本当に桂塩鯛を襲名することになった。なんか不思議な気分である。

ちなみに太平洋鯱丸の話を、その後、桂米朝さんにしてみた。

「太平洋鯱丸？　なんやそれは？」

米朝さん、太平洋鯱丸はご存知ではなかった。考えたら当たり前である。いかに博学の米朝さんといえども『落語系図』の全部を暗記しているわけではあるまい。

このときの計画は実行に移しても失敗していたであろう。時を得ていい名跡を自然と継ぐことになった都丸さん、この度はおめでとうございます。

（サンケイホールブリーゼ「桂都丸改め四代目桂塩鯛襲名披露公演」パンフレット、二〇一〇年八月六日）

梅團治落語への期待

ひとことで言うと、がさつさの中に光る暖かさのようなものが桂春秋時代の落語の魅力であったような気がする。それがいかにも大阪っぽい。

今回、秋さん（ぼくは春秋さんをこう呼ぶ）が桂梅團治を襲名されると聞いて、最初、笑ってしまった。秋さんのガラガラ声と先代梅團治こと三遊亭百生師の声の感じが、似ているからである。大阪声なのである。それはテキヤの声とも通じる。初代の桂春團治も、喜劇の曾我廼家五郎もそのような声であった。

着物の着こなしが粋で艶っぽい春團治一門の中で、秋さんは原色の着物をいつもブカブカッと着込んで、そそくさと高座へ登場し、そこでテレくさそうにお辞儀をする。

秋さんが語り出すマクラはいつも客席ひとりひとりに語りかけるようで、大抵はご自分にまつわるエピソード、これが楽しい。

数年前、放送局の演芸コンクール予選の笑い屋の客の前でも、秋さんは汗を飛ばしながら、いつものようにマクラをふっていた。そんな人なのである。

ネタは『いかけや』であった。

春團治師匠の『いかけや』の子どもは、同じ悪ガキでも何処かエェシの坊ン坊ンを思わせるが、秋さんの子どもはいかにも長屋の小倅である。そこがいい。この時は惜しくも落選であった。その時、いつかきっと、この人に陽が当たる時が来るだろうなと思ったが、それがこんなに早く来るとは思わなかった。

ここ数年、確実にネタも増えている。これからの新梅團治の落語が益々楽しみである。

（道頓堀中座「桂春秋改め四代目桂梅團治襲名披露落語会」パンフレット、一九九七年一月二七日）

凝り性でずぼらな三喬さん

近年、笑福亭三喬さんの落語が世間からスポットライトを浴びている。結構なことだ。お弟子さんの喬若さんや喬介さんも順調に育っている。

昨年は平成一七年度文化庁芸術祭優秀賞と上方お笑い大賞最優秀技能賞のダブル受賞も果たした。その際に三喬さんから「この賞はどういう意味がありまんねやろな？」と問われた。そんなもの素直に「ありがとうございました」と受け取っておけばいいと思うのだが、三喬さんは世事何事に対しても疑問をもつのである。

思えば三喬さんの落語自体が「急に変わったなあ」と、私が感慨をもったのは、師匠の松喬襲名（道頓堀・浪花座、昭和六二年一月下席）に合わせて、三喬さんも同時に笑三から現在の芸名である三喬に改名した、そのしばらく経ったあたりからだと思っている。それも何か世間に変化を気づかせぬように、ゆっくり静かに頭角をあらわしてきたように思えた。

特に印象に残っているのがそのころにネタ卸しした『近日息子』であった。笑三時代とうって変わってメリハリの利かせ方がとても良く、この落語のトンチンカンな世界をヘンに説得力をもって楽しく聴かせた。

「おそばと落語の会」の北御堂での年一回の記念会での口演では、前座で出演していながら師匠連

（松喬・呂鶴・松枝・松葉）の落語とも堂々と渡り合っていた感があった。それ以降、私は三喬さんの落語は待ちかねるようにどれも楽しく聴いている。

三喬さんは、既存のものに対しては（先ほどの賞の話ではないが）すべて懐疑的で、自ら演じる古典落語に対してもギャグやストーリー展開、噺のリズムにまで自身が納得できるまですべて仕立て直して観客に問うている。三喬さんの落語は同じ古典落語でも既存のものとはずいぶんと印象が違っているのだ。その時点で自ら最良と思っている落語の世界を再構築するまで納得しない凝り性でもある。

好評である「我が家のアルバム」と称したマクラ群だけでなく、ときには落語本体の中にも、話芸のリズムとしては「これは大喜利か！」と言いたくなるような、丁寧でしかも分かりやすいギャグを聴かすのを好んでいるかのようにも思える。これは趣味でもあるのだろう。しかし噺全体の構成はあくまでも緻密である。

で、今回の演目は『首提灯』『饅頭こわい』『ぜんざい公社』という落語グルメ特集。三喬さんが繊細なのは、ゲストのいま寛太・はな寛大ご両人の演目まで『ジンギスカン料理』と指定していることだ。そしてお弟子さんの喬若さんのネタが『二人ぐせ』。『『二人ぐせ』？　喬若さんのネタはグルメと違いますな？』と訊くと三喬さん、「まあ、そこまではよろしいやろ！」。緻密でズボラというのもあくまで噺家らしい。

（厚生年金会館芸術ホール「笑福亭三喬独演会」パンフレット、二〇〇六年一一月二日）

名跡を継ぐということ

「今、わしが大阪落語の本流みたいに言われるけども、ホンマは松鶴なんや」

六代目笑福亭松鶴が亡くなって久しいある日、同志として上方落語復興に尽力した人間国宝（重要無形文化財保持者）の落語家・桂米朝は私に言った。「笑福亭松鶴」という名跡は、戦前から戦後にかけては上方落語の「家元」といった意味合いをもった名跡であった。それは、昭和に入って衰退を迎えた上方落語の復興と保存に生涯を賭けた五代、六代の松鶴が、演目だけでなく、事実上のリーダー格であったためだ。

現在東西に多く存在する「桂」のルーツは、江戸時代の上方落語家・初代桂文治にさかのぼる。この人は、大阪の寄席の元祖でもあった。のちに桂文治の名跡は江戸落語へと移る。その後、上方の桂派の統領は、幕末から明治の初期にかけて活躍した初代桂文枝ということになる。彼の死後、門下の桂文三が二代目桂文枝を襲名して桂派の統領として君臨するが、その後、初代の実子が三代目文枝を継ぐにあたっては、桂派の中心人物ではあったが、すでに桂派の統領ではなくなっていた。

上方落語の家元としては、二代目文枝の桂派と袂を分かった二代目桂文團治が、一代限りで大阪に名跡を戻し七代目桂文治として長らく君臨している。

桂文枝の名跡は、戦後の昭和二一（一九四六）年に、三代目の門下であった桂枝三郎が四代目文枝を継ぐ。継いだと言っても名前を引き継いだという程度の襲名である。その門下で戦後上方落語四天王のひとりであった桂小文枝が五代目文枝を襲名したので、看板としての「桂文枝」は、少なくとも三代目文枝同等の大看板の位置には戻った。

名跡を継いだからといってもやはりその人物の資質と実力がなければかつてのその名跡ほどの位は保てない。

「笑福亭松鶴」の空席のこの晩夏、笑福亭三喬の七代目「笑福亭松喬」の襲名が発表された。「松喬」の代々は、三代目までの松鶴が名のった名跡でもある。三喬（前名・笑三）の師匠である笑福亭鶴三《かくざ》が、昭和六二（一九八七）年一月、六代目笑福亭松喬を襲名。先代である五代目が明治四五（一九一二）年五月に二代目林家染丸を襲名して以来の名跡復活であった。世間は当然知らない芸名だ。しかし、六代目松喬の努力で、現在では笑福亭並びに上方落語の大看板にまでこの名跡は上り詰めた。要は本人の努力と資質である。三喬の評判はよい。来秋誕生する新しい「笑福亭松喬」に期待を寄せている——。

（「戸田学の雑学ノート」、『産経新聞』大阪版夕刊、二〇一六年九月二四日）

三喬改メ七代目笑福亭松喬襲名披露公演

一生の内に先代と当代の襲名披露初日を見られるということもそうはない。

一〇月八日、大阪松竹座「三喬改メ七代目笑福亭松喬襲名披露公演」の昼の部を見た。

襲名披露第一席の演目は『初天神』。新松喬が最初に落語に魅了された演目だと話す。実はこの演目、昭和六二年一月二一日、道頓堀浪花座「六代目笑福亭松喬襲名特別興行」での先代松喬としての第一席と同じでもある。

古今亭志ん朝が上方での襲名口上に参加したのもこの時が初めてであり、演芸場の通常興行で行われた落語家の最後の襲名披露にもなった。

新松喬襲名口上は司会の笑福亭銀瓶に笑福亭鶴瓶、桂福団治、桂文枝、桂ざこば、東京から柳家さん喬が居並んだ。

新しい出囃子は彼ともゆかりがあった故桂文紅が使っていた「お兼晒し」。その出囃子にのって和室背景の襖が開かれ奥庭には石灯籠があり木が植わっている高座へエメラルドブルーぽい紋付羽織姿で新松喬は現れた。松竹の紋入りの見台膝隠しがある。客席は万雷の拍手で迎えた。

「師匠の名前をこうして継がして頂くということは、プレッシャーもありますが、一落語家として本当に嬉しい、限りない喜びでございます」

『初天神』は、寅公が親にねだって初天神へ連れて行ってもらう笑福亭の十八番噺。この日の彼は伸び伸びと語り、こちらも安心して聴けた。

鶴瓶は口上で新松喬を「センスの人」と言った。古典落語を一度紐解き、その現代的な感性で仕立て直した上で彼はいつも世に問う。笑福亭系統の噺を牧歌的な味付けで語った先代とは噺の世界を異にする。

おしゃべりの寅公が母親から父親の色街での様子を急き込んで訊ねられるも言い返す。

「おかん、最前から怖い顔してそれからどうした、それからどうしたってな、ぼく北海盆唄やないねん」

天神さんへの道中での父子の会話。

「今日は天神さんへサーカス団が来てんね。お前みたいなやつはな、サーカス団の人買いに売ってしもたろ」

「お父っつあん、古いこと言うな。サーカス団の人買いやて。そんなん寄席へ来る人しか分かれへんで」

とぼけた会話にウィットに富んだギャグ。桂吉朝の皮肉なセンスにも通じる。

勢いにのる中堅・若手が名跡を継いでワンステップ上を目指す今回の襲名は拍手喝采である。近年上方に於ける大名跡をなんでも継げばよいという風潮にも一石を投じたようにも思う。

（「戸田学の雑学ノート」、『産経新聞』大阪版夕刊、二〇一七年一〇月二一日）

笑福亭鶴二さんの落語への期待

笑福亭鶴二さんが前名の鶴児として正式に入門したのは、昭和六一年三月一日のことであった。もっとも中学校三年から師匠の六代目笑福亭松鶴さんの元へは修業に通っていた。

私が鶴二さんの落語を極めて印象深く聴いたのは、師匠の六代目松鶴さんが亡くなってまだ間もない時期だった。千里セルシーホール「白鶴セルシー寄席」で開口一番として演じた『兵庫船』である。この時の写実的な人物の演じ分けと語り口の確かさが非常に印象に残った。巧い前座だと思った。師匠を早く亡くした鶴二さんは、緒先輩方の元へ稽古に通う。中でも特に影響を受けたのは、早世した笑福亭松葉さんではないかと私は思っている。

松葉さんは、酒ネタのイメージが強い笑福亭一門の中でも、六代目松鶴さんの芝居噺や小味のある噺といった繊細な落語の部分を受け継いでいたように思う。さらには、同じように繊細で華やかな芸風の桂春団治さんや林家染丸さんの元へも稽古に通い、踊りや音曲を素養にした芸に磨きをかけ、自らの松葉落語というような形が出来そうな時期に七代目松鶴襲名話が出て、そして急逝した。

鶴二さんが、意識したかどうかは知らないが、やはり松葉さんと同じように春団治さんや染丸さんの元へ通い、松葉さん系統の芸風になっていったように思う。松葉さんが遣っていた出囃子〝独楽〟も受け継ぎ、ますます松葉さんという穴の空いた芸風の部分を埋めて行っているように思った。

桂米朝さんが六代目松鶴さんについて、「六代目は、古い型に妙にこだわっていた」と語ったことがあった。

鶴二さん演じる上方古典落語も、古い型は出来るだけ古い型のままに演じることに妙にこだわっているように思える。若いころは、なかなかそれは身にそぐわない。ところが近ごろの鶴二さんには、古色のような雰囲気が身に備わってきたように思う。

上方落語の大きな特徴の一つに古き佳き大阪の風俗・風習を描くという部分がある。最近の上方落語界では、それが少し忘れられてきたように感じる。松鶴十八番の『高津の富』は、大阪の風俗・風習そのもののような落語だ。数年前に鶴二さんは、この噺をネタ卸しした。この時は、初演ながら繊細に松葉的にある程度完成された高座の印象をもった。その『高津の富』を、先日、シアター・ドラマシティで改めて聞いてびっくりした。噺のテンポといい、しゃべりの間といい、六代目松鶴さんの口調を彷彿とさせる出来栄えだった。聞けば、この度、『高津の富』を演じるにあたって六代目松鶴さんと七代目松鶴を追贈された松葉さんの墓参りへ行ってきたという。これまで影響を受けてきた松葉さんの落語を卒業し、いよいよ鶴二落語という形を創造する時期に入ったようだ。

さて、本日初めて語る『らくだ』。鶴二さんは、兄弟子・笑福亭鶴瓶さんが工夫を重ねた「鶴瓶のらくだ」を定本に初挑戦する。鶴瓶さん演じる『らくだ』は、落語の範疇を超えた演劇的空間でもある。その落語をどう鶴二さんが自分流の上方落語として継承してゆくのか。

恐らくこれからもどんどんと変化するであろう鶴二さんの『らくだ』の初演に立ち会えるかと思うと、わくわくする——。

（国立文楽劇場「噺家生活25周年記念公演　笑福亭鶴二独演会」パンフレット、二〇一一年九月一七日）

桂宗助『怪談市川堤』

八月一六日―一七日、大阪桜橋・サンケイホールブリーゼで「桂米朝追善　米朝一門会」が開催され、初日二回目公演のトリで桂宗助の『怪談市川堤』が出るというので出かけてみた。『怪談市川堤』は、米朝の師匠である四代目桂米団治が、「花魁、そりゃあんまりつれなかろうぜ」の台詞で有名な『籠釣瓶《かごつるべ》花街酔醒《さとのえいざめ》』の発端に近い部分である『お紺殺し』の舞台を江戸荒川の戸田の渡しから上方風に姫路の市川に移し換えたもの。元来は講釈ネタだ。

サンケイホールブリーゼの前身であるサンケイホールでの第一回「桂米朝独演会」では、十八番『地獄八景亡者戯』とともに演じられた米朝一門にとって想い出深い演目。米朝宅最後の住み込みの直弟子であった宗助にすれば、追善会のトリでこの演目を口演するのは誉れだろう。

前半の三〇分は、地語りといって説明的につらつらと主人公・越後屋次郎吉の悪事を語ってゆく演出である。説明中に入る仕方噺的な台詞回しもほどよく情を入れながらも淡々と語ってゆかなければならない。

さすがに若き日に講談をのめり込むように聴き込んだ米朝の語りには説得力があった。しかしこの日の宗助は、声の若さは如何ともし難いながらも、米朝の衣鉢を継いだ語りで大ホールの客を惹きつけた。

場内の明かりが舞台に集中し、いよいよ、病に伏せ、今は身をやつした元女房お紺を惨殺する場面である。下座囃子の川音の大太鼓を叩くバチの音も激しくなる。

「ええい観念せぃ！」　道中差し、抜き打ちにバァ――ンと斬りつける。乱杭をつかんだお紺の指がバラッ…と切れてそれへ飛ぶ……」と畳み込むような台詞語りである。

全体として、もう少し大仰な振りや台詞であってもいいと思うが、米朝門下の先代桂歌之助、桂吉朝に続く、宗助口演の『怪談市川堤』は良い。

その後は、場内が真っ暗になっての幽霊出現による客席の怖がらせである。

かつて芸能史研究家の豊田善敬氏が悪友桂吉朝の口演を小学生の姪を連れて見に行ったことがあるそうな。ただでさえ幽霊の出現に叫び声を上げる姪っ子に、会場の幽霊に扮した吉朝の弟子の吉弥が「豊田さん…」と声をかけた。

「ギャ〜ッ！　幽霊がしゃべった！」と泣き叫ぶ小学生女児。皮肉好きな吉朝らしいいたずらであった。

これまで舞台上の幽霊に扮した舞踊家・藤間紫雀に変わって、今回は、飛鳥舞央が妖艶な幽霊に扮した。

桂宗助さんは、二〇二一年八月二九日、大阪・サンケイホールブリーゼに於いて二代目桂八十八を襲名した。

（「戸田学の雑学ノート」、『産経新聞』大阪版夕刊、二〇一五年八月二二日）

菊丸襲名によせて

新菊丸こと林家染弥さんと私の出会いは、そう古いことではない。平成二〇（二〇〇八）年、NHKテレビ『上方演芸ホール』での大喜利メンバーと作家という関係で初めて知己を得た。ほとんど同期入門で構成されていた他のメンバーとは、彼らの入門時からつき合いがあったが、染弥さんと親しくなったのは意外とこの時が初めてであった。狭い上方落語界では珍しいことである。以来、彼の高座に対しては、なんとなく注目してきた。

彼の師匠四代目林家染丸さんは、自らがお好きな歌舞音曲の素養と所作を下敷きに、三代目染丸師から継承した押し出す呼吸《いき》での誇張された語り口が魅力だが、染弥さんの落語は師の構成した落語を根底に、彼自身が内から醸し出す若旦那然とした「はんなり」した雰囲気に、師匠の染丸師とはまた違った中性的な艶気が時に滲み出す高座である。

今回の襲名で勢いづいて、普段、自らの高座に対して生真面目で反省の多い彼の目指している芸境のより一層の高みへと昇られんことを切に願っています。

（なんばグランド花月「染弥改メ三代目林家菊丸襲名披露公演」パンフレット、二〇一四年九月二七日）

三代目林家菊丸襲名披露鑑賞記

九月二七日のなんばグランド花月、夜の部は「染弥改メ三代目林家菊丸襲名披露」であった。約一一五年ぶりの名跡復活である。

林家竹丸『寿限無』、桂米團治『掛け取り』、月亭八方『始末の極意』、桂文枝『ぼやき酒屋』と続き、中入り後は口上である。

所作台の舞台には、下手（左側）から司会の林家花丸、林家染丸、笑福亭仁鶴、林家菊丸、桂文枝、月亭八方、桂米團治が居並び、舞台左右には、檜の格子柄上部に、今回、師匠・染丸の提案で新たに菊丸の紋と決められた〝乱菊〟が大きく収まる。

上方落語協会会長六代文枝は、〝立ち菊や　ああ　幾年月の　この薫り〟との句を紹介し、芸名にちなみ日本一の立ち菊になって欲しいと語った。

続いての八方、米團治は、吉本の演芸場らしく、会社に内緒の余興話や、女性の話とバラエティ色豊かな話題を文枝も交えて話した。

仁鶴は「お爺さんの（先代）染丸師匠が大変喜んでおられるだろうなあというのが最初の印象です」と語り、襲名に際し「ぼくで良いんですか？」と言った菊丸の慎み深い言葉に感銘したと述べた。

病気療養中の師匠染丸は、司会から「一言」と促され、洒落っ気で「よろしく！」と一言だけ言い、ニコリと微笑んだ。さらに「もうちょっと（話してください）」と言われ、ご贔屓、ご鞭撻を客席へお願いしていた。療養中の染丸が口上に並んだことは、菊丸の船出にとって何よりの後援だろう。

口上は仁鶴の発声による大阪締めで締めた。

今や名人の域に達した中田カウス・ボタンの漫才に続いて、出囃子〝本調子鎧付け〟におくられての新菊丸としての第一席は、師匠染丸十八番の情味のある『子別れ』。中性的で染丸とはまた一味違った艶気が持ち味の新菊丸は、親子の情愛を語る。

このクラスの高座としては上々の出来だと思うが、普段から自己反省の多い菊丸は、やはり思うようには喋れなかったという。

終演で降りた緞帳を一旦止め、両親の離婚で寂しかった学生時代に落語が彼の心を癒したことを独白。

「吾を言うので落話でなく落語である」というのは四代目桂米團治の言葉であるが、菊丸の初席『子別れ』は正に彼自身を語ったものであった。

（「戸田学の雑学ノート」、『産経新聞』大阪版夕刊、二〇一四年一〇月二五日）

上方演芸評

古希記念　祝・桂雀三郎独演会

「七〇歳で面白い落語家」を目標とした桂雀三郎の古希記念独演会（古希といっても数え年）は、大阪らしい三席が並んだ。

雀三郎落語は、笑いとペーソスを古風な味わいで包み、ガラガラ声の軽妙な調子で戯画化したような世界だ。

前座は女流落語家・桂二葉の『牛ほめ』。甘えた口調で喜劇的。主人公が「こんな顔じゃ、バァーッ！」と叫ぶ元気な表情や声などは『てなもんや三度笠』（朝日放送）の白木みのるを彷彿とする。

雀三郎の独演会第一席は、上方の風俗風習を描くスケッチ落語『野崎詣り』。喧嘩の件では、現行の演じ方に屋形船の客を相手にする笑福亭系統の演出を取り入れたもの。

続く「スタンダップコメディー」のナオユキは、山高帽でコート姿の立ち高座。欧羅巴風のお洒落な演出。「いかれた酒場で飲む客は、揃いも揃っていかれてる」とテーマを節づけで語り、酔客が「俺がおんのになんでアイツ帰りよったんや？」と演じた後、「あんた居てるからちゃうか」とつっ込むスタイルの小咄を続け、独自の笑いをジワジワと広げる。

二席目『胴乱の幸助』は、桂枝雀の演出を底本とする爆笑譚。登場人物が酒を飲みたいが為の相対喧嘩の計画が飛躍して相手を肥担桶へ突き落とし、「お前がうわあ〜ッと上がってくるとこを、棒持ってきて、うえ〜〜ッ！」と突くと話したり、稽古屋で浄瑠璃を稽古する男がやたら「あはは！」と笑い、その様子を小柄な幸助が戸外から何度も跳び上がりながら覗いていたりと独自の漫画的工夫もある。

中入後は『百年目』。米朝演出を底本に、雀三郎は冒頭から軽い呼吸《いき》でテンポよく語る。花見での放蕩を大旦那に見つかり出奔するかどうか悩む番頭が風呂敷に衣類を重ねながら箪笥の引出で頭を打ったり、大旦那がやたらと咳込むのは拡大演出だが、後半の「大概不細工な子ォやったなあ」から述懐する番頭への旦那の言葉は、それ故に却って情の深さが強調された。

「どっか悪いんちゃうかと思うぐらい元気」と言う雀三郎充実の七〇代に向けて始動の会でもあった。

大阪・天満天神繁昌亭で五月二日
（『毎日新聞』大阪版夕刊、二〇一八年五月一七日）

桂南天独演会

サンケイホールブリーゼ（九一二席）の桂南天二回目の独演会。

かつての名優・有島一郎（今でいう北村有起哉か？）のような飄々とした容姿で語る南天落語は師匠桂

南光が古典落語をいっぺん紐解いて自らの落語を再構築するといった手法を受け継ぎ、大師匠桂枝雀のふわふわっとした世界観も隔世遺伝、その上シニカルでもある。

前座は桂そうばの『十徳』。生真面目さの中に台詞の発声に可笑し味もある素直な語り。

南天の第一席『遊山船』。マクラで語るは若手数人との落語会での逸話。月亭方正、桂吉弥、月亭八光と有名どころの名前を出すと「お〜！」と声を上げる客席に舞台から対応してゆく余裕は、広い会場でのスケールを身につけつつある感を受ける。『遊山船』は、桂ざこば演出が底本。「振袖に南京豆を入れたら食べにくいやろな」や、川に投げた卵の巻焼に群がる鯉を羨み「鯉になりたい！」と叫ぶざこば個性の喜六を、南天の間合いでそう感情の起伏なく語ると全くの古典落語として受け継がれていることに感心。浪花橋から眺める主人公と屋形船で遊ぶお大尽とを「これが貧富の差というものか」と見る南天独自の目線も。

続くは桂雀五郎『短命』。見た目に貫禄も出て来た落ち着いた語りと古風さは、次の高座へのコントラストとなる。

第二席は『算段の平兵衛』。ぬけ声の滑稽噺向きの彼がストーリーテラーの米朝落語代表作をどう語るかだが、怪談ばなしを語るが如く言葉に緩急をつけて話してゆく。悋気しいの本妻に庄屋が言う「立ち上がって猫蹴るんやないがな」との一言は南天的。ただ、盆踊りで平兵衛が庄屋の死骸を踊らす件は、文楽的滑稽な動きよりも米朝演出のリアリティを踏襲する方が全体として効果的に思う。第一死体は重いものだ。あまり演じられることのない後半での按摩の徳の市の目つきと動きも良い。

中入り後の南天の『代書』は、漫画的に聴かせたが、詰め込み過ぎの感。もう少し整理が必要かとも。ただ客を前にして受けを重視する演者の心理も理解する。

会全体としての演者演目の選び方は秀逸。来年の高座も期待したい。

大阪・サンケイホールブリーゼで六月二日

（『毎日新聞』大阪版夕刊、二〇一八年六月一四日）

吉例88桂文珍独演会

桂文珍吉例88独演会の三六回目。継続は力なり。噺家としての年一回の牙城の会である。

彼の落語ワールドは、所作事と語りで聞き手の脳裏に噺の世界を構築させるという従来の形とは異なり、漫談に落語の筋が入って来たという直接的な独自の世界観に思える。

ご本人は「いや最近ではコントに落語の筋が入るんや」という。確かに語りのコントでもある。

文珍落語は上方落語の本格派というよりかは全国的な上方落語伝道師としての側面が大きいと感じる。

会全体の空気感も他とは違い非常にモダンな雰囲気。

前座は桂文五郎『延陽伯』。師匠文珍が「高校球児のプレーを見ているような」と称する大きな声でのはっきりした語りで、古典落語のギャグで受ける姿は好感。今のうちに所作も細かく工夫すればと願う。

文珍第一席は新作『らくだが来た』。無茶者らくだの噂に翻弄されるという古典落語『らくだ』にインスパイアされた作品。開口一番、「私が山根会長です」とこの日、辞任を表明した日本ボクシング連盟会長の時事ネタから。今年七〇歳を迎える文珍は若い。かつては「知」のイメージもあってか、緊張感もある高座であったが、近年は人間的な柔らか味が出て可愛らしさが浮き立つ。同窓会の話題で「「いやあ、校長先生に来て頂いて」言うたら同級生でした」といって、いつものフッと自らの言葉に笑う姿もごく自然に映る。

続くは東京からのゲスト＝柳家喬太郎の『路地裏の伝説』。文珍を受け「日大の内田です」と一言。笑いの殿堂ＮＧＫに緊張気味で「なんだろう。どう戦っていいのか分からない」と客席を探りながら語る姿が初々しくおかしい。

第二席『星野屋』は、歌舞伎化もされた文珍落語を久しぶりに。中入り後は、浄瑠璃を題材にした古典『猫の忠信』。怪異現象に「狐狸妖怪」「氷の羊羹？」「どんな耳しとんねん？　狐か狸か」「うどんかそばか」のギャグも。ただ、歌舞伎『義経千本桜』が基調の本作はもう少し所作事に神経を注いだほうが良い。

ベテランでも工夫の余地がまだまだある落語の世界は奥が深い。さればまた違った世界観が広がるだろう。

大阪・なんばグランド花月で八月八日

（『毎日新聞』大阪版夕刊、二〇一八年八月一六日）

六代目笑福亭松鶴生誕百年祭

上方落語戦後復興期のリーダーで、大阪落語そのものを体現した存在であった六代目笑福亭松鶴（一九一八—八六）生誕一〇〇年を記念した一門による連続落語会。三三回忌でもある。その第一夜を見た。

冒頭は松鶴の出囃子「舟行き」が鳴り、ひ孫弟子・喬介編集によるＣＭパロディでの松鶴の面白映像。

続いて筆頭弟子・仁鶴の出囃子「猩々くずし」が聞こえ、療養中の本人が飛び入りで立ち高座。「(師匠は)落語家を六〇人にしたい。今もう二五〇人以上いてるちゅうんですから、お元気やったら喜んではるか……そないいらんわって思てはるかどっちかですけども…」とご挨拶。

前座は六二歳の竹林。入門動機となった『手紙無筆』を軽妙なテンポで語る。

続いて相変わらず生真面目な語りの岐代松が新作『巾着餅』を途中まで。

江戸落語の円笑は『音曲噺　夜廻り』。それぞれが松鶴の思い出から落語へ。

唯一孫弟子の爆笑新作落語家で上方落語協会会長の仁智は「まあ、私あんまり思い出がないんでございます」と笑わせ、好きなテレビ占いで「私は獅子座でございまして、今日のアドバイスは人前に出るな」と不幸な男が登場する十八番『ハードラック』。

中入り後は松鶴の出囃子「舟行き」が鳴り「思い出話」。

下手(舞台左側)から司会の竹林、岐代松、円笑、鶴志、仁智、鶴光と桟敷に各三人ずつの座談も一五分ではさすがに短い。

続く鶴志は松鶴の運転手時代中心のエピソードから『長短』。いらちで気短の男は大きな声で少々怖いが、同様に気の長い男がニヤ～と笑う可愛さもこの巨漢の噺家の持ち味だ。

トリの鶴光は、時に小拍子と扇でカチャカチャっと見台を叩いて調子をとっての講談ネタ『藪医玄意』に、小咄を挟みながらの噛んで含めるような語り。

祭りとしては松鶴の人柄の面白さは伝わったが、やはり冒頭は面白映像よりも松鶴の名人芸の落語を聴きたい。

更にはあれだけ上方落語に固執した故人を偲び門下の『天王寺詣り』や『高津の富』『らくだ』等、松鶴十八番の継承を見られればなお良かったかと思う。松鶴演目が『手紙無筆』のみでは少し寂しい。

大阪・天満天神繁昌亭で九月七日

追記　笑福亭仁鶴は、このあと一〇月一一日に「京都国際映画祭２０１８」のオープニングセレモニーで同じく挨拶をしたのが、公に姿を見せた最後となった。

（『毎日新聞』大阪版夕刊、二〇一八年九月二七日）

桂文華独演会　文華の日

毎年芸名に因んだ文化の日に開催している「桂文華独演会　文華の日」の一九回。小動物っぽい愛くるしい容姿と腰の低い柔らかい雰囲気。それに反する少々の毒気は文華の持ち味。〝ガラッ〟とした音《おん》が混じる声音でもある。

五代目桂文枝に入門して三〇年。芸風は先達・故桂春駒のような古風な味わいで淡々と観客の脳裏に落語世界を描かせる正攻法のストーリーテラーの道を歩んでいるような気がする。五四歳ということは、いよいよこれからが噺家として開花する時期に来た。

前半は贔屓筋から贈られた後ろ幕をバックにした舞台。まずは笑福亭智丸『時うどん』。仁鶴〜仁智とつながるお家芸。福々しい容姿のこなれた口調。主人公が前日相棒と行ったうどん屋とのやりとりを無事再現出来て「順調…順調…」と呟く件は仁鶴的。

続いて文華門下の桂華紋『いらちの愛宕詣り』。大柄でテンポよく、尚且つ落ち着いた語り。「はは は…ははは……！」と笑いながら歩く場面など、どこかフラ（身体から滲み出る可笑し味）があって将来が楽しみだ。後半は東京版『堀の内』になる笑福亭鶴瓶の型。

桂文華第一席は歌舞伎を題材にした芝居噺『七段目』。大きな拍手に掛け声。「（歌舞伎の入場料）一八〇〇〇円払ろたらこの会六年間来られます」等の毒っけから自らの落語好きだった話で本篇へ。芝居好きの若旦那を柔軟な揺れるような動きで漫画的に描くが、後半の忠臣蔵七段目の件は、落ち着いた演じ分けで聴かせる。

中入り後の舞台はバックが金屏風。

桂三幸自作『ラスト一球』で再開。キザでスマートな語りは師匠六代桂文枝譲り。BGMを使い、グローブとボールを持参で途中観客とキャッチボールをする趣向。

文華第二席は初演という『小言幸兵衛』。「五四歳になって最近ぼやくことが増えて来た」という話から自らのエピソード。片意地で口うるさい幸兵衛と演者自身が重なる演目。なのでこの落語は急な大声や見台を強く叩いたりせずとも淡々と語れば彼の世界が十分広がると思う。

「落語は老人芸」とは俳優の小沢昭一の言葉だが、今後の年齢の重ねに期待する文華落語である。

大阪・クレオ大阪東で一一月三日

（『毎日新聞』大阪版夕刊、二〇一八年一一月二九日）

桂文之助独演会

軽妙でリズミカル。クールで情の入れ方は薄いが、かえってそれが情を浮き立たせる。大阪には珍しいタイプの噺家《はなしか》。なよっとした姿勢が色気を醸し出す。リズムが良い分、時々言葉をかむのが演者としてのご愛嬌《あいきょう》だ。

かつての五代目桂文枝は、女性を描かせては当代随一との枕ことばがついた。現在上方落語界では、桂文之助こそが当代随一だといえるだろう。

今年の桂文之助独演会は「男と女のおはなし」がテーマ。

トップは桂吉弥門下の桂弥太郎『転失気《てんしき》』。丁寧な語りで、落語そのもので徐々に場内の期待感を高める。花屋の老人が「へへへへ……」と笑いながら、じっと間をもってそこにいる場面などは落ち着いて良い。

文之助第一席は十八番『替り目』。「相手がちょっと若い男と思って……」と握りしめた両手を肩の高さに上げて、「う〜ん、う〜ん」と嫁はんに嫉妬する場面や、「お母さん、ちょっと一杯だけ飲みたい」と駄々をこねたり、「愛想がないねえ。夫婦じゃないか」との酔っぱらいの決まり台詞など、文之助落語には中性的な可愛さもあり、女性が少し手首を振る仕ぐさにも色気がある。

続いて吉弥『天王寺詣り』。のんびりと落ち着いた雰囲気の中に台詞を重ねる語りでテンポが出る。この人の芸風なのだろう。師匠桂吉朝のような古色感はないが、今様な味わい。

第二席は『三枚起請』。大ネタであるが軽妙に噺を進める。清八が娼妓の小輝にだまされた件を語る立て弁（立て板に水のごとく流麗にしゃべる）はメリハリがよく、演者の上手さが光る。両手を合わせて「こちの人が……わあ嬉しい」と喜ぶ小輝の姿は本当にいじらしい。オチの高杉晋作の都々逸はつぶやくように言い、深々と頭を下げた。

かつてこの大作を演じ終えた姿が「どうだ！」と言わんばかりで可愛げがないと師匠桂枝雀が喝破。その頃とは違い、角のとれた優しい高座になっていた。

中入り後の『包丁間男』は、逆美人局《つつもたせ》を仕かけに行った主人公がお静に殴られ鼻血を出したり、消極的な開き直り方をしたりするなど、漫画的で文之助らしい一席に仕上がった。

今回も言葉かみのご愛敬が多々あったが、全体としてはとてもよい会であった。

大阪・天満天神繁昌亭で一一月二三日

（『毎日新聞』大阪版夕刊、二〇一八年一二月二〇日）

天満うのひ座　四代目林家染丸古希の会

病気療養中で古希を迎えた林家染丸を祝う一門会。染丸は歌舞音曲の素養と所作、先代譲りの押し出す呼吸《いき》での誇張された語り口調の華やかな芸風を確立し、『浮かれの屑より』『電話の散財』等は独擅場だ。さらには先代の没後、数人になった一門を一大勢力にまで拡大。また上方特有の下座囃子の育成や文献を残すなど上方落語の歴史に大きく貢献した。

菊丸による染丸一代記のスライドショー「ご案内」から始まり、落語は染丸持ち味の演目が並ぶ。

染吉の滑稽噺『時うどん』。主人公がうどん屋を騙しにかかり、「いよいよやな…はっはは」と笑うなど全体的にとぼけた味わい。

染左の音曲噺『軽業講釈』は、講釈に隣の小屋からの軽業の囃子の邪魔が入るが、いつもより派手目に下座を奏で、生真面目な染左が慌てる様が面白い。

続く花丸の芝居噺『蔵丁稚』は、彼流に再構成された演出がいい。旦那と丁稚の演じ分けなど上方の舞台劇を見るよう。丁稚が語る忠臣蔵・四段目は、説明の部分が子ども口調から劇が佳境に入ると大人の口調になるのがよい。塩谷判官がすでに切腹に及んでいるのを確認した花道の大星由良之助が「あッ」と驚く表情をして芝居の世界から噺の世界へ戻る演出もこの人のもの。

筆頭弟子・染二は茶屋噺『茶屋迎い』。「この会のプロデューサーでね…へっへへへ」と笑う。激しい謡いの如くハイテンションでリズミカルな語りは変わらずで、まるでアメリカの古き佳き子ども向けアニメーションのような世界観で魅せる古典落語である。年齢を重ね、フラが増し、演じる芸妓にほのかな色気も。

中入り後は、へんにおかしいうさぎ司会で染雀、菊丸、竹丸、笑丸、愛染の「壽古希大喜利」。菊丸、染左進行で師匠を迎え映像で振り返る「壽古希染丸わーるど」は、緋毛氈の桟敷に真っ赤な紋付に袴姿で座る染丸がまずおかしい。還暦公演での歌舞伎・市川団十郎の「にらみ」をもじった浄瑠璃調の染丸の「笑い」に、三七年前のＮＨＫ『上方落語　新鋭ビッグ３』から染丸の『蛸芝居』の場面。最後は出演門弟勢揃いの「壽古希住吉踊り」。大喜利も総踊りも全体としてはまったくまとまりがないが学芸会のような楽しさ。これも良しである。

年季が入り、それぞれに際立った個性の門弟を育てたのも染丸の功績である。

大阪・天満天神繁昌亭で一月二〇日

(『毎日新聞』大阪版夕刊、二〇一九年二月一四日)

第137回　笑いのタニマチ～仁智の新作落語道場～

現・上方落語協会会長でもある笑福亭仁智は、新作派で最も面白い落語家であると言い切れる。題材へのクールな情報分析設定とナンセンスなストーリー展開、そこで躍動するかなり個性的な人物は、時として演者自身の表情が見え隠れする。自ら発する言葉や観客の反応で、思わず自分も笑ってしまうというのも彼のスタイル。

開口一番は、門下の笑福亭智丸『凶悪医者』。記者が万能医を訪ねる噺をテンポよく。

桂三度『隣の空地』は『時うどん』や映画『タイタニック』他を最短で語り、今度は逆に「隣の空き地に囲いが出来てんやて」「へえ」の一口咄を、サゲを言わさずに先輩後輩のやり取りで会話を広げる世界観だが、これは落語というより漫才的発想でさすがだ。〝だらっ〟とした声音《こわね》の大きな声でリズミカルに客を乗せながらの語りは演芸場的で師匠文枝の困りを強調した笑いも継承している。

仁智の第一席『多事争論』は、マクラでの「(上から)賢《かしこ》からアホまでのピラミッドがあったら、東京は賢に合わせるが、大阪はあほに合わしとる」という大阪人の東京への対抗心をベースに目玉焼きにかけるのはソースか醤油かで東西出身の夫婦が揉める。旦那がイラッする度にテレビ時代劇「必殺」シリーズのイントロが入る。やがて喧嘩の仲裁が家主、裁判所と発展する古典落語『天狗裁き』の骨格を下敷きにした作品。普通ボケの重ねは一つ目、二つ目、三つ目で笑いを完結させるが、仁智の場合はさらに四つ、五つ…と重ねる「ひつこさ」がある。

続くは笑福亭たま『ねずみの王国』。カン高いとぼけ声で時にエキセントリックに、周囲に気を遣いながらも自由に某テーマパークの陰謀を語る。

中入り後の「トークコーナー」は仁智進行の脱力系鼎談。たま、三度について「新作の会できっと次代を担うであろう二人」といい、「悪いけど、東京の（新作）って発想だけや。深みがないやろ？」という仁智の本音も出た。

トリの仁智『ラーメン人生』は、彼の傑作『源太と兄貴』シリーズの姉妹篇とでもいうべき作品。無銭飲食をしようとするヤクザの兄弟分ふたりとラーメン屋の親爺の過去が交錯する。偶然にも本作も『天狗裁き』の骨格がある。

「笑いのタニマチ」は出演者の個性爆発の会だが、次代の新作派にとって〝道場〟の会でもある。

大阪・天満天神繁昌亭で三月一一日

（『毎日新聞』大阪版夕刊、二〇一九年四月四日）

神戸新開地・喜楽館　開館一周年記念特別公演

港町神戸に相応しく白を基調とした明るい雰囲気の寄席である。緞帳が上がると開館一周年記念の「口上」、二日目。

舞台左側から司会の桂文華、笑福亭松喬、桂福団治、笑福亭仁智、桂文之助が並ぶ。上方落語協会会長・仁智は満員の客席を前に「思えば去年の七月一一日ございました。炎天下商店街をパレードさせて頂いて、内心ですね、一年持つかしらと……」と本音も。最後は福団治の発声による大阪締め。

トップは、桂米二門下の二乗『子ほめ』。優しく流れるような語り口。会話自体に気を含めばさらに良い個性に。

松喬は自家薬籠中の『鷺取り』。マクラで反社会勢力の見分け方の回覧板の話。「こういう人たちの会話の中には何代目、何代目とよく出てきます。お互いを兄さん、姐さんという敬称で呼び合います。名刺や小物などに家紋がよく使われます。頭髪は（松喬と同じ）短髪で角刈りが多い。こういう人たちとはつき合わないように」

いつもながらとぼけた表情でシュールなスケッチ。

続く文華は自ら好む『勘定板』。

中トリは福団治十八番『藪入り』をたっぷり。名人三代目三遊亭金馬の許可を得ての上方版。〝人情噺の福団治〟は、まず前屈みの上体を右手に持った扇子を杖代わりにしての「ホンマ疲れた」といつものボヤキ話から。初めての「藪入り」で奉公先から自宅へ我が子を迎える夫婦の喜怒哀楽。この三人の演じ分けはくどいほどの妙技。声が声色にならぬ落語の演技法でもある。息子を迎えた父親の、ニヤっと笑顔になって、「ははは」と声の上げ方や間、豆を口に含みしゃべりが急に曇った発声になる母親。風呂屋へ行く我が子を、目を細めてその姿を追う父の目線。その演出に好みもあろうが、御年七八歳で芸力が一向に落ちる様子はない。

中入り。「太神楽」の豊来家一輝。番傘での毬廻しに、撥を使っての毬や土瓶の芸。

続く文之助は『紙入れ』。女房が不倫相手に見せる嬌態などは、可愛さとともに色気が漂う。

トリは仁智十八番『ハードラック』。客席の反応の大きさに驚く仁智。初めての観客でも十分に寄席番組の楽しさが理解できる記念公演であった。

神戸新開地喜楽館で七月一二日

（『毎日新聞』大阪版夕刊、二〇一九年八月八日）

第45回東西落語名人選

神戸文化ホール「東西落語名人選」は、一九七四年八月に始まり、以来東京からは六代目三遊亭円生、五代目柳家小さん、十代目金原亭馬生、古今亭志ん朝、立川談志等の名人上手が出演。その第四五回目、昼の部を観る。

トップから上方落語協会会長・笑福亭仁智『めざせ甲子園』。古典落語『大安売り』をベースに置いた創作初期の傑作。マクラで夏の高校野球大会歌「栄冠は君に輝く」を唄い出せば、会場も手拍子、合唱。負け続けの野球部監督が贔屓に期待を持たせてゆく…例えば——、

「ピッチャーが（終盤の）七、八、九と三回、パーフェクトに抑えたて？」

「その代わり六回まで八三点取られました」

「それは打ち疲れや！」

柳家三三《さんざ》の『釜泥』。ここ数年、毎年腕を上げている感がある。ポーカーフェイスの毒舌。「昔からマクラの長い噺家にロクな奴はいない……何か？」と師匠の小三治を皮肉り、盗んだ釜の中からイビキが聞こえ「客席か？」。だが落語人物の切り替えは見事。

笑福亭松喬『饅頭こわい』、桂福団治『藪入り』と上方勢が続き中入り。寄席囲いの舞台は、中入り時には後方の障子が開き庭園の書割が見える趣向。

続いて立川志の輔『バールのようなもの』は清水義範の短篇小説を題材にした新作。「まま、ようこそお越しくださいました。ようこそと言いましても私の方が遠くから来たんでございます」とせわしなくしゃべり、勢いのまま落語へ。やはり皮肉な芸。主人公が隠居にモノを訊ねる根問形式だが、

一捻りも二捻りも。

「キリンってなんであんな首が長いの？」

「頭があんな高い所にあるんだぞ？　しょうがないじゃないか」

「繋ぐしかないか……」

「バールのようなもの」という言葉で二転三転。伏線の繊細さが素晴らしい。

トリは柳家小三治が黒紋付で登場。「待ってました！」の声に軽くうなずき、深いため息で羽織を脱ぎ、おもむろに右手で扇子を取って、開き仰いで「植木屋さん、ご精が出ますな」と、マクラなしで『青菜』を五〇分。虚静恬淡《きょせいてんたん》として、水墨画のような自然体の芸に。その中に「あ〜〜〜、いいですねえ……」なんて、震える声音がとてもおかしい。五〇分は少し長い気も。

神戸文化ホール中ホールで九月二一日
（『毎日新聞』大阪版夕刊、二〇一九年一〇月一〇日）

上方漫才と諸芸、文化の人々

漫才作者秋田實の孤独

昨年末、「近代漫才の父」といわれた漫才作者＝秋田實さんのご長女で、児童文学作家の藤田富美恵さんの自宅を初めて訪ねた。『朝日新聞』の長谷川健記者の同行取材である。

藤田さんとは初対面。厳密にはすれ違い程度にお会いしたことがある。藤田さんが今や演芸研究の基礎文献たる『玉造日の出通り三光館』（玉造稲荷神社刊）を上梓された時のことだ。

桂米朝さんに御本を贈呈するために旧サンケイホールの楽屋に来られた折、「後ろ面」の踊りで出演中の小松まことさんに促され、米朝さんの楽屋へお連れしたことがあった。

その時、小松まことさんに「あんた、秋田實さんって知ってる？」と訊かれて、正直、何を言っているのかと思った。

「漫才作者の？」と答えると、「そう。この人、娘さん……」と紹介された。そこに藤田さんがはにかみながら立っておられた。

ご自宅で正式な初対面（？）をした藤田さんは、かつて『産経新聞』紙上に連載し、『上方漫才黄金時代』（岩波書店）として出版した私の著作をえらく誉めて下さった。

この本は秋田實さんの仕事を縦軸にその時代の大阪の漫才を描いたもので「父のことが初めてきちんと書かれました」と過分なお褒めの言葉を頂いた。

藤田さんの父・秋田實は東京帝国大学文学部に入学し、当初は学者を目指したインテリであった。その後、文学志望で文芸雑誌に投稿したりしていたことがきっかけとなって、昭和五年五月に結成した横山エンタツ・花菱アチャコと縁し、彼らが創出した新興の芸能「しゃべくり漫才」に淫して、「漫才作家」というそれまでにない職業につく。いわばパイオニアである。道なき道を切り開いた。

彼は生涯を漫才書生とでもいうべきスタイルで貫いた。人物的には郊外の校長先生といった温厚な人物であった。

社会的に地位の低い職業のパイオニアには苦悩がつきものだ。明け方に万年筆で原稿用紙に横書きでその思いをつづっていた。

〈長い間　漫才の仕事は一人ぽっちでした。まだ世間からも、漫才が認められてない。真夜中、阿保らしなった――〉

〈夜中に悩んだ　見るのは、ええけど　あんなもん誇しとは阿保な奴や…　ダラクした　小説書かんと　後に残したい〉

地位の低い漫才作家より小説家として後世に名を残したい。迷う。しかし……、

〈子供や家族に――世間にどう漫才の仕事を見せようと、こんなに一生懸命やってる　それを見せないといけない…（努力）　幸いに身体だけは丈夫だったので、これからもまた改めて　こつこつ誰もやってない道を開いて行きたい〉

小説家ではなく漫才作者であったからその名を歴史に留めたのだが、このメモによって秋田實の「孤独」を一層感じた。

（「戸田学の雑学ノート」、『産経新聞』大阪版夕刊、二〇一七年一月二一日）

秋田漫才の終焉――喜味こいしさんを悼んで

喜味こいしさんの死は、上方漫才史の上では一舞台人の退場といった小さな出来事では決してない。それはそのまま秋田漫才の終焉を意味する。

秋田漫才とは「近代漫才の父」といわれた漫才作者・秋田實が生涯かかって取り組んだ理想の漫才芸である。

しゃべくり漫才の歴史はそう古くはない。一九三〇年五月の横山エンタツ・花菱アチャコの登場からである。東京帝国大学文学部支那哲学科中退の変わり種の秋田は、翌年、このコンビのブレーンという形で芸界入りした。

漫才の地位向上を目指すエンタツと秋田はすぐに意気投合。彼らが目指したのは〈日常の話題で家族が揃って楽しめる無邪気な笑い〉である。言葉遣いにもこだわった。

それ以前の漫才は、低級で下品な男性客中心のものであった。秋田はその理想とする漫才の進化と普及のために生涯をかけた。

戦後、彼の門下に若手漫才師が集まって来た。ミヤコ蝶々・南都雄二、ミスワカサ・島ひろし、秋田Aスケ・Bスケ、そして夢路いとし・喜味こいしである。秋田は彼らの教師というよりは兄貴分として接し、理想とする漫才芸の指導から私生活の教育までを施した。

秋田は演者の個性を見て教育している。台本創作が不得意であったその後門下生となる海原お浜・小浜には丁寧な台本を提供したが、自分とよく似た資質の夢路いとしには、台本のテーマやヒントのみを与えて基本的には自ら創作するように指導した。いとし・こいしが晩年まで新作に取り組み続けたのは、この下地があったからであろう。

年齢とともにとり扱うネタも、恋人話、結婚話、子どもの誕生、子どもの結婚、孫の話と推移し、彼らの漫才は漫画『サザエさん』のように老若男女から愛された。

結果として、いとこい漫才は活動期間が長期にわたったので、秋田が目標とした以上の漫才芸としての成果が得られた。

横山やすし・西川きよしのやすしは、少年時代に聴取者参加番組の審査員として出会った秋田の指導があって漫才界入りした。台本の書き方は秋田が教えた。上方漫才黄金時代のアンカーとしてのやすし・きよしは、次の漫才ブーム(一九八〇年—)世代をけん引した。

そして、その中から出た島田紳助・松本竜介、B&Bらを見て次の世代がまた育った。そこにはもはや秋田漫才の影はない。

いとし・こいしが、しゃべくり漫才の最高峰といわれる所以は、彼らとともに漫才芸そのものの進化も伴ったからである。そして秋田漫才の時代は、観客である日本人自体も素直な感性であったのだ——。

(『産経新聞』大阪版朝刊、二〇一一年一月三〇日)

海原小浜さん

戦後の昭和上方漫才界で中田ダイマル・ラケット、夢路いとし・喜味こいしと共に、海原お浜・小浜は、しゃべくり漫才の三大名人であった。

その海原小浜さんが昨年（二〇一五）の一二月二四日に亡くなった。丸々とした小浜に対し、舞台上手（右側）に立つお浜は、骨ばった長身であった。叔母姪のコンビ。軽妙な口調でしなやかに動く小浜に比して武骨な口調のお浜の動きはぎこちなく、これも対照的であった。戦後、地方回りをしていたお浜・小浜を大阪へ呼び戻したのは、近代漫才の父といわれた漫才作者の秋田實である。

「お浜・小浜な、あれに泥を吐かさないかん」

秋田は、地方色が濃厚だったその芸を都会的に洗練させるためにそう表現した。

「うちらのことを秋田先生は鯉みたいに言うねん」（小浜）。

ハッピーお浜・小浜でデビューしたが、戦中は屋号を「愛国」とした。その後、「佐々波」と改名したが、芸名に水難の気があるとして、漫才界の先輩＝東五九童らが「海原」ほかの屋号を考えてくれ、漫談家・西条凡児がその中から「海原」を選び、名門にまで育てた。

小浜の「奥目」だとか「ゴリラ」とかのお浜の容姿へのつっこみに観客が笑う。

「どいつや、今笑うたのは！　出てこい、勝負しょう！」

柄が悪い。お浜は右手の甲で小浜の着物の帯を音が出るほど叩く。小浜が「うッ」と顔をしかめながら、叩かれた場所を両手で抑える。

秋田實が書いた漫才の「ロマンス」シリーズは代表作だと小浜に聞いた。秋田門下の足立克己作『旧婚旅行』等は今でも面白い。門下の海原さおり・しおりの後半期は二人に芸が似てきた。

松竹芸能からKAプロ移籍時に女流だからという理由で批判された。

「では、今松竹芸能でスカウトされるような漫才が他におまっか」

落語の桂米朝が擁護した。

昭和五三年五月のお浜引退後、タレントとして活躍。DJとしてのしゃべりは、後輩の上岡龍太郎に教えを乞うた。

「米朝師匠と上岡さんは、恩人やねん」。そう小浜は言った。

関西テレビでの通販番組『オクト暮らしのショッピング』（その後『オクトお茶の間ショッピング』へ変更。一九九三年四月五日―二〇〇〇年九月二九日・全一八一一回）では小浜とアシスタントとのやりとりが面白かった。

「いやッ、ええ商品やないの」

「これええわ」

「欲しいわ」

つっこみが漫才の呼吸《いき》そのものであった。上岡龍太郎や笑福亭鶴瓶もこの番組のファンであった。特に背の高いタレントの能崎まゆみとのコンビは、新お浜・小浜のようでもあった。

（「戸田学の雑学ノート」、『産経新聞』大阪版夕刊、二〇一六年三月二六日）

唄子・啓助の漫才

女性上位漫才という形は、戦前のミスワカナ・玉松一郎が創出させた。男尊女卑の考えが横行している時代、男性をやり込めるワカナの笑いに人々は歓声を送った。門下のミスワカサ・島ひろしやミヤコ蝶々・南都雄二などのコンビもこの形である。

同じ男女コンビでも、島田洋介（のち洋之介）・今喜多代と京唄子・鳳啓助のコンビはこの形とは少し違う。

洋介・喜多代の夫婦漫才は、夫を褒めそやしながら、最後はうって変わって妻がやり込めてゆくという「内助の功漫才」であった。

唄子・啓助のコンビの場合は、女性上位漫才ということではなく、大柄で西洋美人の唄子を小柄で小太りの啓助が、わけのわからん理屈によってやりこめてゆく漫才であった。

漢字分解や言葉のだじゃれというものを駆使する。「私、耳篇に心だわ」「なんやねん、耳篇に心って？」「恥ずかしい」という具合だ。

啓助は「舌はしも焼け、港は小焼け」「忘れようとしても思い出せない」「あなたはかもめ、わたしはやもめ」「驚き、桃の木、山椒の気、たまげた、駒下駄、日和下駄」等々の言葉を発する。

彼が会話の間に「エッ」と小さく頷く音は、言葉のクッションにもなり、彼のモノマネの定番でもあった。
啓助「あなた、なかなかしりものですねえ」
唄子「しりものってなんや？」
啓助「いやいや、物知りですねえ」
唄子「慌ててものを言いなさんな」
唄子は、啓助のボケの言葉をいちいち丁寧に受けて行く。テンポも速く、呼吸が良かった。女性好きで見た目から「エロがっぱ」といわれる啓助が、何かというと唄子に対して「大口」をネタにしてからんで行った。
二人は、女優と演出兼殺陣師として出逢い、夫婦だった時期もある。初期は剣戟漫才として見せる要素の漫才で千日劇場の看板漫才であった。
唄子「君が女性にアタックしたら、皆、女性が逃げてまうやないか」
啓助「そうですか。私が女性にアタックしたら女は逃げますか？」
唄子「逃げる、逃げる」
啓助「あなたは昔逃げませんでしたね」
唄子「……」
元夫婦でもあった唄子・啓助独自の漫才は、もっと評価されるべきだ。
（「戸田学の雑学ノート」、『産経新聞』大阪版夕刊、二〇一七年四月一五日）

名コンビ――出会いと別れ

上岡龍太郎は、几帳面で繊細な神経のもち主である。

彼は、横山ノックへの弔辞で「あなたと初めて会った昭和三五年――一九六〇年八月五日から、最後となった平成一八年――二〇〇六年四月四日までの思い出の数々が、まるで宝石のようにキラキラと胸いっぱいに詰まっています」と、その出会いから別れの日付までを語っている。日付単位まで示した弔辞を、筆者は他の例を知らない。

上岡は、一〇代でジャズ喫茶の司会者として活動しているところを、漫才のコンビ別れをした横山ノックにスカウトされる。やがてリズミカルな時事漫才トリオ「漫画トリオ」の横山パンチとして演芸世界の住人となる。

上岡自身は「天才的な大ボケ・横山ノックの横にいられたのが、ぼくの幸運だった」というようなことを話したが、いとし・こいしの喜味こいしに言わせると「ノックちゃんがあそこまで行けたのは、横に上岡がおったからや！」ということになる。

昭和四三（一九六八）年五月三一日、ノックの突然の参議院議員選挙出馬で、漫画トリオは事実上の活動停止となり、紆余曲折を経て、横山パンチは上岡龍太郎としてピン芸の司会者、ＤＪとして活動することになる。

やがて関西テレビの『ノックは無用』の司会他で、再びノック・上岡の日本一のボケとツッコミコンビが復活する。ノックが天然的に、あるいはわざとボケ倒すのに対して、上岡は散々遊ばせておいて、最後に「ええ加減にせえ!」とつっ込む。

二人が最後に会ったのは、平成一八年四月四日、ヒルトン大阪に於ける、桂ざこばの出版記念パーティーの会場であった。

会場の出入り口近くで二人が会話している姿を筆者は覚えている。ノックは上岡に言った。

「ぼく、実は抗がん剤治療を受けてんねん」

上岡はノックの顔を見てポンと言った。

「ほう……それで頭が禿げてんのか?」

「いや、これは前から……」

結局、これが二人の最後の会話となったらしい。

「関西の笑い」の最高峰コンビとして、改めて拍手を贈りたいほどのエピソードだ。

(「戸田学の雑学ノート」、『産経新聞』大阪版夕刊、二〇一四年八月三〇日)

「話芸の達人」浜村淳さん

万年青年といわれていたタレントの浜村淳さんが一月一〇日で八〇歳を迎えた。本来、傘寿といいたいがこちらは元来数え年をいう。

月曜日―土曜日まで朝の生放送番組『ありがとう浜村淳です』（毎日放送ラジオ）は四三年目だ。浜村さんの語りは「浜村節」と称されている。

てにをはをはっきりと強調した発音に、子どもさんにでも分かる、分かりやすさが一つの特徴だ。例えば「今朝の『産経新聞』によりますと――」という場合を文字にすると「今朝の、『産経新聞』に、よりますとォ〜」といった感じであろうか。

「話術」という言葉は最近絶えて聞かないように思う。現在、その「話術」をもった関西を代表する数少ないタレントが浜村さんである。改めて浜村さんの話芸にもっと注目してほしいと思う。彼は関西の財産なのだ。

『ありがとう〜』での「今朝の新聞から」というコーナーは、実は昔からある「新聞詠み」という芸を、浜村さん風にアシスタントを交えて昇華したものである。

毎朝、数種類の新聞から劇化（?）したもので、そこに独自の考察（笑いも含めて）を交える。かつて名人といわれた漫談家・西条凡児も演じていた。浜村さんのユーモアは演芸的なのである。

駆け出しの頃、ジャズ喫茶の司会に寄席で演じられるような小咄を間に挟んだユーモア司会のパイオニアでもあった。

歌謡曲の司会のイントロにおける七・五調の語りは、名司会者・西村小楽天の司会をヒントにさらに丁寧に現代人にも分かり易く、くどく仕立て直した浜村節の骨頂でもある。

「司会」そのものが芸であるとの誇りを持っていたのが西条凡児であるが、浜村さんはその衣鉢を継ぐ。現在では司会といえば単なる司会進行役程度に思われる向きがあるが、本来は名調子で紹介し、突発的な事故があった場合、司会者は自らの芸でその時間を埋める役目もあった。だからプロの仕事なのである。

映画より面白いといわれる映画紹介は、ご自身は「映画漫談」と言われるが、私にいわせると「映画講談」といった調子で、映画評論家・淀川長治さんの映画そのものを語る話芸とはまた違う。

「怪談」も稲川淳二の出現の遥か以前から自家薬籠中としている浜村流講談だ。

改めて浜村さんの話芸に注目してみたいと思った今年の年頭である――。

追記　『ありがとう浜村淳です』は、二〇二四年三月二九日で平日（月曜日―金曜日）の放送を終えた。放送開始五〇年の区切りとなる。

（「戸田学の雑学ノート」、『産経新聞』大阪版夕刊、二〇一五年一月三一日）

テントさんを偲ぶ

テントさんの芸は不思議なものであった。「漫談家」という肩書きだが、ペーソスのあるイリュージョン（立川談志さんが後年よく好んで使った）漫談といったところだろうか。神出鬼没で「ツチノコ芸人」と言われていた時期もあった。

ネタはぽつぽつと語る。舞台へは大股開きに、握った両手を機械的に大きく振りながら登場する。細身で昆虫的な動きと体形。霞んだ声で「ハッ…テント…よろしくお願いします…」と言って、両肩を「ウェッ…ウェッ…ウェッ…」との叫びに合わせて激しく上下させる。基本的には脱力系だ。

「わらびもち」というドーナツ版のEPレコードを作った。小生もテントさんから直接買ってサインをして貰ったことがある。

歌いだす時に、〽タンタンタンタン…とイントロがつく。〽頃は元禄…わらびもち…わらびもち…。ここから唱歌「故郷」のメロディぽく、〽ウナギ　おいし　かば焼き　忠臣蔵大石、内蔵助ェ〜…。師匠の上岡龍太郎さんは「忠臣蔵」が大好きで、引退記念芝居の演目にも選んでいた。それにちなんでいたのだろうか。

こんなネタもある。

「吉良の首とった、ゆうてもね、頭も一緒にとるんですよ。首だけやったら二回斬らなあかんからね」

「わらびもち」の歌は、さらに続く、〽討ち入り　陽気な　かしまし娘　わらびもちは　きなこ漬け…。正しく立川談志さんの好んだイリュージョンだ。

テントさんの世界について来れない観客もいるだろう。

「分からん人は放っときますよ。義務教育やないんやからね」と言いつつ、自分で「笑わしよんな」とか、「そんなんでね、どんなんや、そんなんですよ…」と合いの手を入れた。そして「ギョッ」「トゥルットゥ…」などの奇声を突然上げる。

「人間パチンコ」や両手で態を表す「クモの決闘」といった形態模写。栗塚旭、大滝秀治、高品格…等の声帯模写を延々と口演する。

リサイタルで演じた兄弟子＝江本龍彦さんとの横山エンタツ・花菱アチャコの『早慶戦』はよく似ていた。ある種の奇人なのだろうが表現者としては「天才」だと思う。

小林聖太郎監督は、第一作から劇映画全作にテントさんを起用。『かぞくのひけつ』（〇六）では、主人公が土手を自転車でゆくシーンでテントさんの歌声が聞こえ、哀愁を誘った。

『マエストロ！』（一五）では、テントさんの出て来るシーンだけが吉本新喜劇の世界と化した。

不思議なキャラクターだった。

渥美清さんのファンで『男はつらいよ 寅次郎紅の花』（九五）のロケが神戸市長田で行われた時に、見学に行ったと長々とその嬉しさを聞かされたことがある。

そんな気さくな人でもあった。今はとても寂しい。

（「戸田学の雑学ノート」、『産経新聞』大阪版夕刊、二〇一六年一〇月一五日）

中村鴈治郎と長谷川一夫

「頬かむりの中に　日本一の顔」

名川柳家・岸本水府が初代中村鴈治郎（一八六〇―一九三五）の当たり役『河庄』での紙屋治兵衛の立ち姿を詠んだ句である。

東京・歌舞伎座四月大歌舞伎「中村翫雀改め四代目中村鴈治郎襲名披露」の披露狂言は、玩辞楼一二曲の内『心中天網島　河庄』が出ている。

先代（三代目）中村鴈治郎（坂田藤十郎）も当代（十五代目）片岡仁左衛門もその襲名披露興行が東京歌舞伎座から始まったのに比して、新鴈治郎襲名披露は一月の大阪松竹座から始めたのは、上方歌舞伎の大名跡としてその志は良しだ。

しかし一、二月の大阪での襲名披露では『河庄』は出なかった。祖父の二代目鴈治郎、父・三代目鴈治郎も『河庄』でお目見得していたのに意外だった。

初代鴈治郎の舞台を見た人ももう僅かであろう。とにかく華があったようだ。

劇作家で明治四一（一九〇八）年生まれの香村菊雄から「花道に立っている姿が光って見えた」と聞かされた。

永遠の二枚目スターである長谷川一夫（一九〇八―一九八四）は、その鴈治郎門下で林長丸といった。

その後、林長二郎と改名し映画界へ身を投じた。

この芸名は鴈治郎の亡き二男の名前で香村はその改名口上を見た。「鴈治郎さんがなんとも林長二郎が可愛くて仕方がないという表情をしてたね」とその印象を語った。

やがて映画スターとなった林長二郎に亡くなる寸前の鴈治郎が言った。

「わてがようなったらいっぺん一緒に舞台に出ような、一人前になったお前とまだ芝居を一緒にしていないのが心残りや」

この時期、主演映画『雪之丞変化』が大ヒットしていた。

昭和一二年二月、大阪歌舞伎座「中村鴈治郎三回忌追善興行」で林長二郎も鴈治郎の身内として出演、子息・寿（林成年）に初舞台を踏ませる。

幕内のやっかみと儲けさせているはずの松竹から息子の初舞台用借金を追善興行中での返済を迫られ、嫌気が差し、東宝へ移籍しての顔斬り事件が起こる。

長谷川一夫の東宝歌舞伎での華やかで関西風の分かりやすい演出は、演目ともども初代鴈治郎の芸風を受け継いだものであろう。

関西は昔から実力主義といわれていた。もし歴史の悪戯で長谷川一夫が上方歌舞伎界に復帰し「中村鴈治郎」の名跡を襲名していたら、その後の上方歌舞伎の衰退もなかったかも知れないなと、ふとそんなことを想像した。


（「戸田学の雑学ノート」、『産経新聞』大阪版夕刊、二〇一五年四月二五日）

高峰秀子と「上方花舞台」

アメリカではクリスマスシーズンに毎年、フランク・キャプラ監督の名作『素晴らしき哉、人生！』（四六）が放送されるという。

一九七〇年代の前半、わが小学校時代には、終戦記念日を迎える時期に朝日放送テレビが木下恵介監督『二十四の瞳』（五四）を午前、午後で前後篇に区切って毎年放送していた。タイトルの下にシネマフォント文字で「テレビ放映版」と出していた。私は高峰秀子の小豆島分校教諭・大石久子先生の名演を毎年刷り込まれるように見た。

その後、高校で授業の一環として見に行った、『衝動殺人 息子よ』（七九）を最後に高峰は引退したが、筆者にとってはとても当たり前の女優であった。

その後、浴びるように映画を見るようになってから、高峰秀子が日本映画史上唯一無二の存在であると確信した。

その高峰秀子の実物と出会ったのは、平成三（一九九一）年五月二四日—二八日、国立文楽劇場で開催された「第七回上方花舞台　鳥獣戯画・花の親子茶屋」のロビーである。

「上方花舞台」は、南地大和屋による上方花街文化伝承の一環としてお座敷芸と他の上方芸能との融合を試みた催しで、作家・司馬遼太郎が相談役であった。

この年は司馬がファンであった桂米朝の落語の世界を演劇化した作品で、作・演出は、映画監督の松山善三、高峰の夫君である。

司馬は当日の番付に「大いなる世界——米朝さんをめぐってのこと」と題して〈志ん生の世界が富岡鉄斎のような文人画であるのに対し、米朝さんの世界は金銀の箔や群青をつかった尾形光琳の世界に、鳥羽僧正を祖とする「鳥羽絵」を加えたような世界〉とそれぞれの芸について書き、だから演劇化すると別趣の面白さがあるのではないかと記した。

舞台花道のすっぽんを地下鉄の階段に見立てて、主人公の噺家・桂文朝（米朝）が上がって来るというモダンな演出もあった。

その時の私は、ロビーで本やカセットの販売要員、さらには、テレビ中継の「大向う」係である。開演前、高峰秀子は腕にハンドバックを挟んでロビーを毎日、ウロウロしていた。出会った私は「あ、高峰秀子や！　大石先生だ」とは思うものの、声はかけにくい感じがあった。反対にご主人の松山善三監督には気軽に話が出来た次第。

会期中に大和屋で司馬遼太郎夫妻、松山善三、高峰秀子夫妻に桂米朝、桂小米朝（桂米団治）の面々で小宴が持たれた。

羨ましい限り。豪華この上ない。いったいどんな会話がもたれたのであろうか。

（「戸田学の雑学ノート」、『産経新聞』大阪版夕刊、二〇一五年九月二六日）

放送あれこれ

関西テレビ・平成二四年度文化庁芸術祭参加『夢の途上～文楽・人間国宝の弟子たち～』（平成二四年一〇月一四日放送）

吉田玉男・竹本住大夫の芸にかける日々を追った『NHKスペシャル 人間国宝ふたり～文楽・終わりなき芸の道～』（〇一年一月一三日放送）は、文楽を扱ったドキュメンタリー番組の名作と決めつけてよい。

今回の『夢の途上～文楽・人間国宝の弟子たち～』は、制作者側が意図するしないに拘らず、前出番組の姉妹篇といえる。実際の試みは、本年五月一九日放映『文楽のゆくえ～「橋下改革」と世界遺産～』で、恐らくは、文楽の世界に魅了された柴谷真理子ディレクターの文楽への応援歌的ラブレターのような気がする。

番組は、竹本住大夫門下の小住大夫（二四）、吉田簑助門下の簑紫郎（三七）、鶴澤清治門下の清志郎（三八）の修業の日々をカメラが追う。他の芸能とは違い文楽修業は、還暦を迎えて、いよいよスタートというぐらい時間がかかる。住大夫は「それは役者（のセリフ）じゃ」と怒鳴る。浄瑠璃は語り芸の極みである。自らは老いても遣うお初は、若いままの簑助の至芸。とことん自らの音色にこだわる三味線の清治。文楽芸は奥が深い。ゆえに合理化で推し量れるものでは決してない。『曽根崎心中』の心中場面〝天神森の段〟を、民放では珍しくじっくりその魅力を見せる。この場面で思うのは、お初・徳兵衛の愛する者への覚悟である。若き文楽修業者に求められるのもやはり覚悟。さらには、大阪発祥の古典芸能に対する市民一人一人の自覚と覚悟も必要であろう。

前作『文楽のゆくえ』では、珍品『日本振袖始　大蛇退治の段』で文楽の魅力を伝えた。浄瑠璃は字幕入り。しかし今回はない。それに対し賛否はあろう。私は是としたい。

時間枠の関係か、今回の番組では、若き技芸者の芸の研鑽と、それぞれの師匠との関わりを中心に番組構成されている。しかし、その芸、修業を支える、彼らの決して裕福ではない、日々の生活への苦悩が描かれていないのは残念だ。それこそ覚悟がなければこの世界で生き残れない象徴でもあるからだ。

ラスト近くの吉田簑助からの弟子・簑紫郎への手紙は、番組密着から出た芸界全体にとってのプラスである。しかしこの微妙な辺りが取材者と取材対象者の距離の保ち方のギリギリのラインであろう。この番組は、奥が深い芸――文楽に魅せられた一放送人の、文楽芸の魅力を見せるための試行錯誤の作ともいえるだろう。

国際観光都市・大阪にとって、最も強いソフトは文楽ではないか。文楽には、大きな興行価値がある。それをどうプロデュースするかが今後の課題だと思う――。

（『関西テレビ MONITOR REPORT』二〇一二年一〇月号）

関西テレビ『ザ・ドキュメント　芸の鬼～人間国宝・竹本住大夫　奇跡の復活から最後の舞台～』（平成二六年六月七日放送）

今回の関西テレビ『芸の鬼～人間国宝・竹本住大夫　奇跡の復活から最後の舞台～』の制作、放送は快挙である。まずは大阪文化のために御礼を申し上げたい。本来、大阪が育んだ伝統芸能を関西の放送局が取り上げるのは当然のことだと思われるが、ＮＨＫは別として長年一顧だにされなかった。発想もなかった。

大阪市の文楽補助金カット問題が社会現象になって、関西テレビは『文楽のゆくえ～「橋下改革」と世界遺産～』（一二年五月一九日放送）を制作。柴谷真理子ディレクターは、手探り状態で番組をつくってゆき、やがて文楽に魅了されてゆく。第二弾『夢の途上～文楽・人間国宝の弟子たち～』（一二年一〇月一四日放送）では、禁じ手的な演出（？）にまでのめり込んでいた。その間、竹本住大夫は病に倒れ、再起不能もささやかれた（病・脳梗塞は、明らかに橋下改革での心労が原因だ。人間国宝まで潰した文化を解せない市長は、補助金をカット。しかし己の身勝手な出直し選挙には、その何倍もの税金を投入する。結局そんな市長を選んだ大阪市民が自らの文化を崩壊させたのだ。これはマスコミ報道の責任も多分にある）。

文楽修業ではないが、ディレクターの対象物への取り組みにも年季がいるのかもしれない。今回の『芸の鬼』は、先行で民放とは条件や予算の掛け方が遙かに違うＮＨＫ大阪放送局制作『かんさい熱視線　文楽・人間国宝竹本住大夫引退公演密着』（一四年四月一八日放送）や、これとほとんど同じ構成の『文楽の鬼　最後の舞台～人間国宝　竹本住大夫～』（一四年五月二九日放送）より番組の質や愛情という点では遙かに凌駕していた。

今回、番組のナレーターは、同じ古典芸能でもある落語家の桂南光が務める。盟友の桂米朝の孫弟子といった気楽さから住大夫は彼に「自分で（芸の）見切りをつけるのは難しい。ホントは（続けて）やりたい」「好きなことで一生送れるってええようで苦労がついてまわる」などの本音を吐露する。若手太夫を強烈な個性で叱り飛ばす住大夫を「こんなに怒ってもらえるのは有り難いこと」という南光の言葉は、同じ芸道に生きる後輩なればこその説得力だ。

引退を告げられた瞬間を語る相三味線・野澤錦糸、光子夫人、門下生の証言はリアリティがある。東京の最終公演「恋女房染分手綱　沓掛村の段」を一人で語りたいと涙する住大夫の姿に芸の残酷さが伝わる。地元大阪・国立文楽劇場での最終公演「菅原伝授手習鑑　桜丸切腹の段」での住大夫の語り中の、後見・小住大夫、光子夫人のインサートという演出の細かさは、文楽にのめり込んだディレクターの作品ならではだ。

今後とも文楽をよろしくという住大夫の言葉は、観客のみでなく関西のマスコミ全般にも投げかけられている。これを機に改めて関西テレビも上方の芸能文化を積極的に取り上げ後援していただきたい。そう言えば、来年一月に上方歌舞伎の大名跡・中村鴈治郎の四代目の襲名があるしネ。

（『関西テレビMONITOR REPORT』二〇一四年六月号）

関西テレビ・平成二七年度文化庁芸術祭参加『ザ・ドキュメント 軍神』（平成二七年一一月二六日放送）

『ザ・ドキュメント 軍神』は、圧倒される内容だった。戦後七〇年としてのふり返り番組と一言で片づけるのは容易い。しかし、取材とともに、ライブラリーフィルムや資料、音声資料を随所に繊細に盛り込んだ作品は立派だ。調査や取材にどれほどの力を込めたのか、察することが出来る。元来、NHKとは異なり、取材日程や費用の面でも比べものにならないはずの民間放送のドキュメント番組が遜色がないほどに、ここまでよくまとめたと思う。我が国の戦争史としての財産がまた一つ増えた。

第一次上海事変での「軍神」肉弾三勇士の上官であった内田徳次伍長の甥一明氏宅の仏壇裏から当時の詳細なメモが出てきた。一明氏は、その詳細な記録を番組スタッフに託し、真実の公表を訴える。この期待に応えることこそが、本来のマスコミの使命でもあろう。戦意高揚のために、「軍神」として奉られ、各地に肉弾三勇士の偶像が建つ。『朝日新聞』や『毎日新聞』は、「三勇士」を称える歌を公募し、山田耕筰や与謝野鉄幹ら有名作曲家や詩人が制作に加わる。一方、「肉弾三勇士」を殺したといわれ、自らを責め悩んだ内田伍長のその記録には、臨場感あふれる詳細な事実が記載されている。当時は「箝口令」がひかれ、表には出なかった。この真実がもつ迫力には凄みがあり、さらにはドキュメンタリーとしての映像の語り口が「時代の空気」をも再現して、視聴者に訴えかけてくる。

続いて番組は、真珠湾攻撃で特殊潜航隊の九名が二階級特進の「九軍神」として奉られたことに触れる。しかし、事実は酒巻和男少尉が、太平洋戦争捕虜第一号として、捕らえられ生き残っていた。このことは当然のことながら報道されなかった。苦悩する彼は米収容所で軍国主義の洗脳から解かれ、その後捕虜の後輩たちに己が悟った考えを話してゆく。ガダルカナル島の戦いで「軍神」となった大舛松市中尉にも触れ、弟・重盛氏が軍神の弟として新聞記者に取材された時、記者が勝手に内容をでっち上げたことを語る。政府とマスコミによって、真実でない「彼らにとって都合のいい事実」が日本中を熱狂させてゆく。なにかしらこの時代に似てきた感じである昨今の日本という国への警鐘にも番組を感じてしまうのは、考えすぎであろうか。

番組後半は、特殊潜航隊で生き残った酒巻和男の長男潔氏が同じ艦に二人で乗っていて戦死した稲垣清二等兵曹宅を初めて訪ね、父が果たせなかった墓参りをする。番組的には、そうとでもしなければ収まりがつかなかったのだろう。
これまでも、柴谷真理子ディレクターの作品は見てきているが、彼女は映像作家として素晴らしく進歩している。関西テレビは、こういう人を大切にし、次なる作品を撮らせるとともに、後輩の育成にも力を注がせるべきであろう。

(『関西テレビMONITOR REPORT』二〇一五年一一月号)

竹本住太夫さんの大阪弁

先日、人間国宝（重要無形文化財保持者）で元人形浄瑠璃文楽太夫の竹本住太夫さんの自宅を訪問する幸運を得た。住太夫さんに古き佳き時代の大阪を語って頂くというラジオ番組での構成と聞き手を担当したからである。

住太夫さんの浄瑠璃語りとしての素晴らしさは多くの方が、すでに何度もお話しになっている。私自身は本職の浄瑠璃もさることながら、住太夫さんが普段使われる大阪弁に魅了されている。

「はんなり」としたその語りには、かつて大阪という土地が持っていた品の良さと人好きさという文化がそのリズムとともにそのまま一人の人間の中に凝縮されているような気がするからだ。昔、二代目中村鴈治郎や浪花千栄子、六代目笑福亭松鶴が遣った大阪ことばが現役として住太夫さんの日常で生きていた。

現在、大阪以外で怖いイメージを持たれている「大阪弁」は、正確には河内弁が混じっていると思う。

番組は、大正後半から昭和二〇年三月の大阪大空襲で廃墟と化すまでの「大大阪」時代を、大正一三年一〇月に大阪堂島に生まれた住太夫さんの語りと共に、当時のＳＰレコードの録音を交えて放送する。

「大大阪時代に戻りたいというお気持ちがおありですか」と住太夫さんに問えば「えらあり（笑）。あの時分は盧溝橋事件があって街を兵隊さんが歩いてましたけど、大阪らしい情緒があって、料理でも高級から大衆に至るまで大阪らしい味があってね、のんびりしてましたな人間が……」との答えである。

「暖かい人は暖かい芸。冷たい人は冷たい芸。やっぱり人間性が出まんな」

「謙虚さっていうのが大事でんな」

どんな話題になっても、最後は文楽の話になる住太夫さん。

大阪藝能懇話会の大西秀紀さん提供の音源は貴重なものばかりだ。

初代中村鴈治郎、曾我廼家五郎、澤田正二郎、初代桂春団治、二代目吉田奈良丸、太夫も住太夫さんの養父の先代竹本住太夫、三巨頭の六代目竹本土佐太夫、三代目竹本津太夫、豊竹山城少掾の肉声も披露される。

五月二九日午後九時五分―一〇時、ＡＢＣラジオ『住太夫の大大阪』として放送。これは必聴だ。

「芸」が大好き、「仕事」としても選んだ浄瑠璃が大好きな住太夫さんが私も含めたラジオスタッフに言われた。

「おたくらも（この仕事が）好きやからやってまんねやろ……」

だからこそ精進するのは当たり前だ。何気ない言葉にも教訓がある。まさに人生の達人だ。

（「戸田学の雑学ノート」、『産経新聞』大阪版夕刊、二〇一六年七月三〇日）

大西信行――このふしぎな人

劇作家・脚本家の大西信行の訃報は一月二一日に知らされた。実際に亡くなったのは一〇日だという。享年八六。

昨年執筆したNHKのBS時代劇『大岡越前3』の放送が始まったのが、一五日。毎月一七日に開催されている「東京やなぎ句会」にも事前に投句。句友も誰一人その死を知らなかった。見事な人生の締めくくり方である。

昭和四年、東京神楽坂生まれ。麻布中学では、小沢昭一、加藤武、フランキー堺、内藤法美、仲谷昇と同級。昭和二一年、作家で寄席文化研究家の正岡容の元へ小沢昭一と共に出入りするようになる。その後、加藤武や永井啓夫も参加。戦前の正岡門下第一号が上方落語の桂米朝である。

正岡の弟子たちはなぜか話芸にこだわった。大西は、正岡の紹介で五代目神田伯龍に芥川龍之介の『地獄変』を教わった。五代目伯龍は、立川談志がそのSPレコードから『小猿七之助』を覚えて十八番にしたほどの名人。

かつての劇作家は、自ら執筆した戯曲を読み合わせの一日目に一人で朗読した。文学座で初めての大西の朗読を聴いた杉村春子は「あら、あの脚本《ホン》書き、随分と口跡がいいわね」と驚いた。伯龍ゆずりの話芸である。

「正岡があれだけ愛した浪曲だから、俺の目の黒いうちはその灯は消せないって思ってんだ」という大西は、二代目春野百合子ら多くの浪曲師に台本を提供し、指導もした。

江戸っ子らしくハッキリものを言う。それは落語随筆集『落語無頼語録』その他の作品にも現れている。

師匠正岡容には拘泥した。正岡が近年再評価されたのは、門下生たちの活躍と彼らが師の偉大さを拡散し続けたのが原因であろう。『正岡容――このふしぎな人』という著書まである。

筆者にとっては師匠筋の先生だ。随分怖い先生だとの噂を耳にしていたが、私には好々爺でたくさんご指導を頂いた。『完本正岡容寄席随筆』（岩波書店）は、実質、先生と二人で編集した。これは誇れる。

「戸田さん、お忙しいと思うけどお時間があれば三島へもお寄りください。お話をしておきたいことがあります」とご連絡を頂いて二度ほど仕事とは別で静岡県の三島にお住いの大西先生をお訪ねしたことがある。

三島で有名な鰻屋や先生行きつけのお寿司屋さんへ連れて行って下さり、自らお酒の酌をして下さった。お酒は嗜まれない。昔は「下戸の平手神酒」との異名をとった武勇伝もあったらしい。結局、何時間もの芸談を伺い、「話をしておきたいこと」も出ずに二人で源頼朝ゆかりの三嶋大社をお参りして帰阪した。

しかし、先生の話の根底にはいつでも正岡容の思想が流れていた。それを具体的に言わずとも私に伝えておこうと思っておられたのだと今にしては思う。多くの著名な門弟の中でも大西先生が正岡容の直系だったのだろう。少なくとも同門の桂米朝、小沢昭一、加藤武といった諸先輩はそう考えていたと思う。

「戸田さん、浪曲のほうもひとつ頼みますよ」とのお誘いには、さすがに私は逃げましたよ。

ぼちぼち寄席演芸の分野からの撤退を考えている昨今の私。一月五日過ぎに届いた先生からの年賀状には「戸田さんにしてもらうこと　まだ沢山あるのですからね」とあった。

まるでこちらの意図を見透かされているような遺言である。う〜ん、困った。

（「戸田学の雑学ノート」、『産経新聞』大阪版夕刊、二〇一六年二月二七日）

なにわ学の権威・肥田晧三さんの「水木十五堂賞」受賞

奈良県大和郡山市が制定する「水木十五堂賞」の第二回受賞者に、元関西大学教授・肥田晧三さんが選ばれた。

「水木十五堂賞」は、大和を代表する文人、コレクターでもあった水木十五堂（本名・要太郎）にちなみ、歴史、伝統文化、自然などの分野に於いて、幅広い学識と資料収集等で社会貢献した人物を顕彰する賞である。

肥田さんは、近世文学及び書誌学が専攻なのだが、実際は、大阪文化の南方熊楠のような存在で、江戸時代の木村蒹葭堂《けんかどう》の流れを汲む町人学者、〝なにわ学〟の大家である。専門範囲は膨大で、大阪の芸能——歌舞伎、文楽、落語、少女歌劇、舞、レビュー、奇術、映画、花柳文化……、専門の近世文学から雑誌、絵画、戯れ画、子どもの遊び……等々、大阪ものなら、ありとあらゆる資料を収集、研究、実践している研究家である。しかもいわゆるコレクターではない。集めたものは学究のために使い切る。

二月九日に開催された受賞記念講演では、自らと大和郡山との関係、水木十五堂との因縁、その子息・水木直箭氏との交流といった話を膨大な知識の中から披露。さらには、病弱でおくった青年時代に南木芳太郎主宰の雑誌『上方』（昭和六年—一九年・全五一冊）を勉学し、手紙で交流のあった南木氏のような郷土史家を志したルーツまでを語った。

普段は和服で過ごす、肥田さんらが中心で開催する月一回「大阪藝能懇話会」の講義座談では、昨年末まで約二年間にわたって大阪市史編纂所が刊行した「南木芳太郎日記」の読み解きを行った。

そこでは日記に登場する人物の履歴から催し物等の実際の資料等を持参し、肥田さんの経験を交えて語る。こういう学識者は、今後出現し得ないだろう。

これだけの大家でありながら、これまで公的な受賞はあまりない。水木十五堂賞選考委員会委員長の千田稔（奈良県立図書情報館長）氏は言った。

「肥田さんの仕事にもっと光を当てなければならない。大阪は文化が一番欠けている。やるべき仕事をしていない。それを大和郡山市がよくやってくれた。ありがとう」

心から同感する次第である。

余談だが大阪の秀才校、大阪府立高津高等学校在学時代、病弱で留年を繰り返した。後輩である時期の同級生だったマルセ太郎に「幻の同級生」という肥田皓三を主体にした漫談の傑作がある。ちなみにマルセ太郎は「スクリーンのない映画館」等の演劇的話術で知られるが、この人の真の値打ちは体験を基にした漫談にあると思う。

さて、私個人としては「大阪藝能懇話会」会員として、肥田先生（ここからは個人的なことなので、普段通り先生と書かせて頂く）からは本当に多くの大阪のことについて教えて頂いた。

ただ、私のことは「映画の人」と思われていたようだ。肥田先生もまた映画がお好きであった。

「あんた、フランク・キャプラの映画なんて、もうなんべんも見てはんねやろな」と言われ、私の著書の序文には「戸田さんは淀川長治氏の映画と共に生き、映画のためにつくされた生涯を尊敬し、氏を心の師と仰いでその大きな足跡に心服しておられる」と書いて下さった。さらには「戸田さん、私に映画のことでいろいろ訊いて下さいまへんか」とも言って下さっていた。

藝能懇話会の発表で私が「三木のり平」の事績を紹介した折には「戸田さん、あんた、なんでもやってなはんねんなあ」と呆れられた。

肥田先生の文献、芸能の研究方法論は、私たちに大きな影響と示唆を与えて下さった。学究の恩人である。

肥田晧三先生は、二〇二一年三月二二日に亡くなられた。九〇歳だった。

(「戸田学の雑学ノート」、『産経新聞』大阪版夕刊、二〇一四年四月二六日)

永六輔さん——関西のゆかり

かつて桂米朝や小沢昭一の師匠だった作家で寄席文化研究家の正岡容は、作家で評論家の安藤鶴夫とはライバル関係だった。小沢昭一から聞かされたことがある。

「師匠同士が仲が悪いんだから、せめて弟子だけでも仲よくしようやって話になった。永六輔さんは、アンツルさんの弟子だからな」

米朝、小沢、大西信行、永井啓夫、加藤武といった、正岡門下生と永六輔は「東京やなぎ句会」の同人であった。

マルチタレントとして活躍した永六輔は、元浅草のお寺の倅、つまり江戸っ子だった。

その永六輔に「上方の芸がわからなければ、日本の芸はわかりませんで」と言ったのは古川益雄マネージャーである。

昭和三九年から一年間大阪に芸能留学した。永六輔の記憶では、アンツルは「上方舞の吉村雄輝、山村楽正、文楽の八代目竹本綱太夫、落語の桂米朝は見ておきなさい」と言ったそうだが、安藤が桂米朝を見て感嘆するのはもう少しのちのことだ。

大阪の笑いは漫才と喜劇と定めた永六輔は、漫才作者・秋田實と松竹新喜劇の座長で劇作家の二代目渋谷天外に学ぶ。天外は、永六輔を藤山寛美とのコンビで東京で売り出したいと思ったらしい。

一年の留学を得て、永六輔は大阪の『朝日新聞』に「わらいえて――芸能一〇〇年史」を連載する。その後、毎日放送でテレビ化されて自ら司会の『芸能わらいえて――目で見る百年史』（昭和四二年七月―四三年三月）として放送する。

進行役の若手漫才師は、漫画トリオと若井はんじ・けんじで、特にはんじ・けんじには肩入れして「ピーコピコの研究」という漫才台本まで書いた。

昭和四〇年には大阪で知った芸人を紹介するサロンを東京赤坂の「アマンド」で「ばらえ亭」として毎月開催した。

昭和四一年七月一六日、桂米朝が京都府立勤労会館で初めて開催した独演会「桂米朝スポットショー」の舞台上で初めて小沢昭一と知己を得る。

昭和四六年九月一三日には「ＹＴＶサロン　桂米朝解説による こんな万才もあった～アイナラエほか～」に小沢と共に米朝から招待され、そこで広澤瓢右衛門の浪花節『雪月花三人娘』を聞いて、以後、東京での解説と売り出しに尽力した。のちに同じく永が解説して売り出したマルセ太郎も関西出身であった。

幼少時代には、上方歌舞伎の市川寿海の養子になって市川雷蔵を継ぐ話もあった。

永六輔もいろいろと関西とゆかりがあったのだ。

（「戸田学の雑学ノート」、『産経新聞』大阪版夕刊、二〇一六年七月三〇日）

上方落語研究第一級の基礎文献資料——橋本礼一さんの仕事

橋本礼一氏の諸著作は、上方落語研究の第一級の基礎文献資料である。いわば、正岡容、四代目桂米團治、桂米朝諸氏らの文献と少なくとも同等に扱われるべきものだ。

かつて私は、橋本氏の著作集を大手出版社から刊行しようと試みたことがあった。橋下氏もそのことには乗り気で、出版社も前向きに検討してくれたのだが、ものごとにはタイミングというものがある。その後、出版不況が続き、橋本氏のような大学研究論文に準ずるような作品を一般書籍として刊行する余裕がなくなった。残念であった。

今回、バックナンバーの『藝能懇話』に収録されているもの以外の作品が一冊に集成されることは、快挙の一言につきる。今後、橋本氏の作品は「新たなる偉大な研究者」の発見という感じで、未来永劫に研究者諸氏に驚きの目をもって迎え入れられ、その評価は大きくなるばかりであろう。それほどまでに橋本礼一氏の研究は、特異なものであった。

過去の新聞その他の文献を博捜して、考察を加える。しかも物事を俯瞰して、人物評が如く、あるいは大河ドラマの如く捉えている。私らのような過去の文献に当たって歴史を考察するものにとっては、先人の仕事の良否の判定は日々行っているが、その経験からしても、橋本氏の諸作品は過去に類例がない。

そのへんをよく理解していた豊田善敬氏は、自らが自費出版していた上方落語記録小冊子『はなしの焦点』に、ご高齢ということもあって、毎号、橋本氏の著作を出来る限り増やすべく執筆依頼をしていた。

橋下氏ご本人は、実に飄々とされた方であった。物事を訊ねると、「あれなあ……」と事もなげに答えられ、「そうらしいで……」と言い、通説を簡単にひっくり返した。

「橋下さん、それ大事なことですよ。芸能史でこれまで語られたことがない事実ですよ」と言うと、「そうかあ……」と表情を変えない。あまりにも上方落語の歴史に博覧強記過ぎて、その事柄の意味を実はご本人は理解していなかったのかも知れない。

年若い私などにも、友人のように接し、私自身は、京都冨貴の閉館日時や、皮田藤吉の俗にいう初代桂春團治に、春團治改名以前に桂米喬襲名話があったことなどを気軽にご教示を頂いた。

橋本氏自身は、映画ファンで、私とはもっぱら映画の話をしたがった。

サイレント映画といった特にクラシック映画がお好みのようで、「伊藤大輔は、どうもサイレント時代のほうが良かったみたいやなあ」などと話していた。

平成二五年一〇月、「桂雀松改メ三代目桂文之助襲名」が行われる際に、襲名されるご当人から代々の執筆依頼が私に来た。私はかつて桂南光、桂塩鯛襲名時に代々を書かれた橋本氏に依頼すべきだと話し、仲介。橋本氏も快諾だった。

しかし、後日、雀松氏から、事務所の方で襲名披露手続きが既に進んでいて、代々の執筆者も決まっていたという。

「本人の知らんところで話が進んでる」との弁。仕方がないので橋本氏に私は断りを入れた。「ああ、そう…別に構へんで」とご本人はいつものように淡々としていた。
その後、米朝事務所の配りものとされた代々の記述は、むろん橋本氏の仕事とは比べるべくもない程度のモノだった。芸能事務所としては、それで十分なのである。そんな些末なことよりも本来、橋本氏の著作集に入るべき原稿が一つ減ったのは、非常に残念なことだなと今にしては思っている。

（『藝能懇話』第二一号、二〇一六年八月二日）

織田正吉先生との日々

演芸作家の織田正吉先生と最後に会話を交わしたのは、私の編著『何はなくとも三木のり平』（青土社）への礼状が届いたのを機に電話をした時のことだ。

その時、「オレは、あんたには負けたなあ」とおっしゃった。私が出して来たこれまでの著作物についての評価だろう。私は慌てて、「とんでもない。織田先生には百人一首の本があります。あの本は、私や先生が生きている間は判りませんが、必ず再評価されます。そして今後の日本の国文学の基幹書になります」、「あ、そうか。そうかあ……」とあのしわがれた大きな声で嬉しそうに言った。最後にそのことが言えて良かったと思う。亡くなられる三週間ほど前のことだ。

織田先生の『絢爛たる暗号――百人一首の謎を解く』（集英社）は画期的な出版であった。

サンケイホールの「桂米朝独演会」の打ち上げに久々に参加した織田先生のことを挨拶の開口一番で米朝師匠は次のように言った。

「今日は織田正吉さんが久しぶりにお越しになっておられます。私はこの人にはもう落語は見放されたもんやと思うてましたが、今日はお越しくださいました。この人の仕事は立派でね、特に百人一首の研究は後世に残る仕事だと思います」。

作家の田辺聖子さんは『絢爛たる暗号』の序文にあたる「百人一首の驚き」で次のように書く――。

織田正吉さんは、百人一首の謎《なぞ》にはじめて四つに取り組んだ人である。なぜ類似の歌が多いのか。なぜ駄作・愚作の歌を、一世の大歌人・定家ともあろう人が採録したのか。(…)

学界の常識や既成概念のクサリから解き放たれた織田さんは、素人の大胆さと率直さでもって、心ゆくまでノビノビと空想の世界を飛翔《ひしょう》し、七百年来の秘密の扉を押し開いたのである。まさに、劃期《かっき》的な発見、といっていいだろう。

百人一首は自由な遊びの精神の所産であった。織田さんは「絢爛《けんらん》たる暗号」と呼んでいる。歌と歌は連鎖しひびきかわし、玄妙のハーモニーを奏でつつ、そこに定家は、かくされたふかい意味を諷していたというのだ。

そして、織田先生が導き出した結論は、

〈定家は、後鳥羽院と式子内親王という、心に深い痕跡を残した高貴な男女一対をおもう心を匿すため、鎮魂の願いをこめて古今の歌百首を撰び、時代順の配列によって偽装し、洛西嵯峨の山荘の一室にその色紙を貼りめぐらせ、心の平安を求めようとした。それが世にいう『百人一首』(小倉山荘色紙和歌)である〉(集英社文庫版「はじめに——この本の要約」)。

国文学界は、この学説に対して当然無視を決め込んだ。閉鎖的な学会の排他的な気分、それに織田先生がそれまで漫才を書いていたことも差別の一因でもあったであろう。

今日では織田学説は当然のものとして踏まえられている。これまでの国文学界が百人一首成立の謎を解くことが出来なかったのは「言語遊戯としての歌」という視点が最初から抜け落ちていたからである。その点で言えば、これまで言葉や笑いの分類にこだわった研究者で実際の台本作者であった織田先生の本領発揮の分野でもあったのだ。

一般の出版物として完成するまでには相当のご苦労があったと聞く。ある出版社の編集者や国文学者の態度については「今思い出して話していても、腹が立ってくる」と私にも言った。

織田正吉先生の実物を初めて、それこそ「見た」のは、記録によると昭和六二（一九八七）年四月二九日に大阪府立労働センターで行われた大阪シナリオ学校創立三〇周年記念で開催された山田洋次、織田正吉対談「日本人の笑い」に於いてであった。

山田洋次監督がシナリオ学校の案内パンフレットを見ながら「ここに桂米朝さんが書いた文章がありますね。〈落語が好きやから新作落語の本を書こうということになる。でも生で見るのは年にいっぺん。これでは書けない。不勉強な噺家以上に落語をご存知の方でないと、良い新作落語は書けないと思います〉。この通りですね」と話した。

この文章は、私も目標にしていた文章だったので山田監督に裏打ちをしてもらった気がした。

進行は事務局の山崎正樹さんだった。私は生徒ではなく一般として入った。中央や前列には空席が目立ち、山崎さんが前の席へ誘導していた。関係者風を装ってか、生徒らしき人たちは後方からシニカルに見ていた。織田先生は桂吉朝の表現どおり、「孫悟空のお父さん」のような容姿だった。

対談が終わり質疑応答になったが誰も挙手しない。山崎さんがこちらを見て「どうぞ」と促すので、「落語は、衣裳その他、演出は今のままで良いのか」というような質問をした。まずは落語も書いている山田洋次監督が「なんていうのかな……変えるべきところは時代に即して変えてゆくのは必要でしょうね」と生真面目に話した。そして「織田さんからも」と促されると織田先生は私を見て「君、米朝一門へゆきなさい」と一言。

その後、私は桂枝雀に師事をすることになり、その師匠の米朝師匠も私の先生になる。のちにそのことを織田先生に話すと「あ〜、そんなことを言ったか。けどオレの言うてることは間違いないなあ。あの対談はとてもいい対談だったと思うてるねん」と言った。

最近、山田洋次監督と会った時に雑談で織田先生の話をすると「ああ、織田正吉さん。本は何冊か読んでいますよ。会ったことはないけども……」と言ったので、「いや、大阪シナリオ学校で対談して、その速記が雑誌『上方芸能』(第九六号)に載ってますよ」と返すと、「ああ、そうだったか……」と苦笑いをされていた。

その後、私は大阪シナリオ学校に入ろうと思って枝雀に相談した。師匠は「そんなとこから(プロが)出たってあんまり聞かんで」という。枝雀は以前はそこで講師をしていた。

かつては演芸部門の顧問みたいな位置に漫才作者の秋田實がいたが、秋田先生が亡くなって、当時は織田先生がその役割を果たしていたような感じであった。

事務局の山崎正樹さんは私のことを憶えていた。二—三回授業へ出た時点で「君は、ここで勉強することはない。良かったら『上方芸能』編集部か上方落語協会へ行ったら？　紹介するから」と言われた。授業が終わってからの懇親会で木津川計氏や竹本浩三氏との私の会話を聞いていたのであろう。それで私は雑誌『上方芸能』編集部へ行った。まあ、そんなことはこの項とは関係がない。

織田先生はシナリオ学校の終業式で、「ここにいてる人が全員プロになることは考えられない。だからその他の人はいいお客さんになってください」と言った。本音だが、いわば生徒はお客さんでもあるわけだから、そんなことをいう織田先生に驚いた。

織田先生といつから親しくなったのかは思い出せない。神戸の震災の折に勤め先の関係で自宅へ電話をしたが、相手が誰かも分からず織田先生は「書庫がグチャグチャになっている」と訴えた。

織田先生は、昭和六（一九三一）年一二月四日、兵庫県神戸市兵庫区で生れた。本名は構恒一。神戸大学法学部在学中から、各種の懸賞に応募、入選を果たす。漫画グループに参加、プロを目指したが挫折する。その後、何度もＮＨＫ演芸台本募集に漫才で入選、昭和三〇（一九五五）年一二月にＮＨＫ演芸台本研究会の漫才部門に参加。やがて関西の民放でも放送作家として活動する。この間、神戸市役所に就職。二足の草鞋を履く。ペンネームが必要だった。

織田正吉の〝織田〞は作家の織田作之助から、正吉はファンだった俳優宇野重吉の重吉ほど重くはなく少吉で――正吉と名づけた。

昭和四三（一九六八）年三月、初めての著書『笑話の時代――立ち読み演芸館』（神戸新聞のじぎく文庫）を出版を機に神戸市を退職し、作家専業となる。演芸台本だけでなく、構成作家、ユーモア小説、研究書、川柳なども執筆した。

『笑話の時代』は、「会話の独立史――上方しゃべくり漫才の系譜」と織田正吉作の漫才台本二七作からなる。ご本人は「出来の悪い本」とは言うが、私などは「会話の独立史」から随分学んだものだ。親しくしていた漫才作家の加納健男は「織田先生は、あの（対人が難しい漫才の）上方柳次・柳太から唯一〝先生〞と呼ばれていた作家やったんや」と言って感心していた。

笑いの研究家でもあった織田先生は、江戸時代の滑稽本黄表紙からヒントを得て漫才を作ったりした。そんな漫才作家は他にはいないだろう。夢路いとし・喜味こいしの『親子どんぶり』がそうだ。

この作品は構成作家をしていたＮＨＫ大阪『土曜ひる席』での二人の司会での漫才調のやりとりのために書いた。

私が書き下ろした『凡児無法録――「こんな話がおまんねや」漫談家・西條凡児とその時代』（たる出版）は、出版に苦労した。長篇のために大幅カットするなら出すという出版社はあったが、全篇ノーカットで出してくれるところはなかった。

この時分は織田先生とはすでに親しく、アドバイスも下さった。その時に『絢爛たる暗号』出版時の苦労も教えられた。そして織田先生に巻末に収録した「西条凡児ノート」という解説風凡児論を書いてもらった。先生は私の本篇を読んでいたく刺激されたともおっしゃっていた。

「カットしてでも出版社から出して貰った方がいい」という織田先生に逆らって私は自費で制作し委託出版した。その時に「あんたは頑固やなあ。オレやったら妥協するわ。そやけど頑固を押し通すだけえらいで」と言われた。

資金集めを兼ねた出版パーティーでは、発起人として乾杯の挨拶をして下さった。

織田先生はこの時代、よみうりテレビの「上方お笑い大賞」の審査委員をしていて、私を「秋田實賞」に推薦して下さったようだが、番組制作費が減らされている時代だったので、その年の「秋田實賞」は見送られた。

私が「秋田實賞」を受賞したのは、『いとしこいし漫才の世界』（岩波書店）を出版した時のこと。テレビの生放送授賞式には、喜味こいし先生がお祝いに出て下さった。

年が明けての平成一七（二〇〇五）年一月三日、サンケイホール「桂米朝一門会」の打ち上げで挨拶に立った織田先生は壇上から私を呼び込んで「戸田学さんが去年の秋田實賞を受賞しました」。米朝師匠が最前列の席で拍手をして下さっていた。で、織田先生は「本当は凡児さんの本の時に受賞するべきだった」と皆の前で余計なことを言った。

「秋田實賞」は、結局その時が最後で番組自体、「上方お笑い大賞」自体が終わり、知り合いからは「秋田實賞を潰した男」と言われた。

織田先生には、私が豊田善敬さんと編者を務めた『桂米朝集成』(岩波書店)の第一巻、巻頭で米朝師匠と対談してもらったり、『上方漫才　黄金時代』(岩波書店)の序文を書いて頂いたり、あるいは私が構成したテレビ番組やイベントにも出演してもらった。

サンケイホールの或る時の落語会の打ち上げで米朝師匠から手招きされて、「お前《ま》はんと豊田(善敬)とどっちが年上や?」と聞かれた。「向こうの方が一〇ほど上です」「そしたら…」と指さしたのは、傍に座っていた、サンケイホールの社長・吉鹿徳之司さんと織田先生。「この二人の聞き書きはお前はんがせんといかんのと違うか。二人とももうじき死ぬのやで」。ちなみに米朝師匠の方がお二人より年上だ。

そう言われたので、吉鹿さんの聞き書きは交渉したが、やはり興行師なので差し障りが多く辞退された。織田先生は物書きなので、代わりに岩波書店にお願いして、『笑いのこころ ユーモアのセンス』の出版のお世話をした。この本は朝日新聞の天声人語でも紹介され、のちに文庫化もされた。大阪府立上方演芸資料館(ワッハ上方)編『上方演芸大全』(創元社)で、「漫才の歴史」を執筆した際には私に読んで意見を言ってくれと書き上げた原稿を送ってきた。「明蝶芸術学院」や「蝶々新芸スクール」といった漫才養成所は書き足した方がよいと言うと、そうして下さったと記憶する。

私と織田先生は、親子ぐらいの年齢差であったが、友人として接していたようだった。私の師匠であった桂枝雀とは、笑いの分類を好んだことや理屈言いの部分がよく似ていて、よく口論になっていた。ラジオ大阪の『枝雀のスビバせんね』という番組には一緒にレギュラー出演していた。お互いに気をつかっていなかったと思う。

壇上に呼び上げられた筆者と織田正吉

　私が神戸の甲南女子大学で何年か「笑いの講座」を受けもった時には、もう純子夫人も亡くなっていて、自筆年譜によると仕事も引退していたようなので「学校から近いねんから帰りに寄ってくれよ」というので、前期後期で必ず一回は、弁当やドンクのパンを買って自宅を訪れた。神戸市立王子動物園横の川沿いの急な坂道を上ってゆく。一度、ここで織田先生がこけて右大腿骨を骨折して長期入院したこともあった。

　私の「笑いの講座」は、関西の学校だから上方の笑芸がよかろうと落語、漫才、講談、浪曲、漫談、喜劇などで構成した。そのシラバスを見て、「こらおもろいで」といってくれたのは、織田先生と上岡龍太郎師匠というプロだけだった。

　ＮＨＫのＢＳプレミアムで令和二（二〇二〇）年一月四日放送の『英雄たちの選択スペシャル 百人

一首～藤原定家 三十一文字の革命～』に織田学説の一部を参考に使いたいと制作会社のディレクターから連絡があった。織田先生の連絡先が分からず私に連絡してきた。織田先生に連絡すると「間に入ってくれるか」と言われて、私がメール等で交渉した。

NHKの御用達みたいなところがあった織田先生のNHK番組での白眉は、平成元（一九八九）年四月七日―六月二三日まで一二回にわたってNHK教育テレビで放送された『NHK市民大学 日本人の笑い』だろう。このテキスト本を書き足して一冊にしたいと言っていたが、結構のらなところのある先生は言うだけで完成しなかった。ただ、このテキストだけでも大したものだった。

令和二年九月一日、編集工房ノアからこれまで書き散らした原稿を集めた『ユーモアのある風景』が出版された。この中には、私が依頼した「西条凡児ノート」も収録されている。

織田先生がその年の一一月二〇日に亡くなったことは人に知らされ報道で知った。何度も肝臓がんを手術で克服し、私が「先生は死なんのと違いますか」というと、「ああ、オレもそんな気がしてんねん」と笑っていた。

自宅を整理すると織田先生や肥田晧三先生、東映の映画監督だった沢島忠先生の手紙類がやたらにあった。多くの先輩諸氏に私は育てられた。

（書き下ろし）

本のはなし

「〈岩波文庫創刊90年記念〉私の三冊」

（1）『ガリア戦記』（カエサル／近山金次訳）
初めて買った岩波文庫ではないかな。大阪梅田ＯＳ劇場のリバイバル公開で見た『クレオパトラ』（六三）のシーザー（レックス・ハリソン）に感化された。冒頭で本書を口述するシーンがある。紀元前の作。

（2）『観劇偶評』（三木竹二／渡辺保編）
三木竹二は、森鷗外の弟で劇評家。明治時代にわが国の演劇批評を成立させたパイオニア。具体的な記述で九代目市川団十郎、五代目尾上菊五郎の舞台を今日に伝える。編者・渡辺保氏の労に感謝。

（3）『塩原多助一代記』（三遊亭円朝）
文壇で冷遇され続けた寄席文化研究のパイオニア正岡容を解説に起用したのは流石。遥かのち岩波書店刊『完本 正岡容寄席随筆』編集に正岡門の大西信行先生の助手として参加出来たのは、不思議なご縁。

（『図書』臨時増刊２０１７、二〇一七年五月一日）

小林信彦『天才伝説 横山やすし』

有名芸能人が亡くなると、競い合うように売らんがための粗悪本が出版される。希代の漫才師で晩年が悲劇的であった横山やすし（一九四四―一九九六）が亡くなればなおさらのことである。これはやすしが亡くなってから七か月後に死んだ不世出の喜劇俳優・渥美清（一九二八―一九九六）とて同じことだ（生前に出版された『男はつらいよ』全作読解といった趣向のものでも粗筋をまとめただけのひどいものもある。よって知るべし）。新聞、雑誌等でも横山やすしの追悼記事が組まれたが、どれもこれもありきたりであった。大阪では既成の演芸評論家が一番まともであった。

その中でひときわ異彩を放ったのが大阪の芸能関係者や作家ではなく、東京の小林信彦の「横山やすしという存在」（『朝日新聞』平成八年二月一日夕刊）であった。これは横山やすしとの個人的な思い出、漫才という芸能についての位置などを短い文章ながら端的に書きあらわしていた。その時、思い出した。小林信彦が横山やすしの主演作『唐獅子株式会社』（昭和五八年、東映、曾根中生監督）の原作者であることを（この出来の悪い映画を小林信彦がどう思っているかも知りたかった）。であるから、『日本の喜劇人』等の作者で知られる独特の史観をもつ小林信彦の横山やすしの評伝を期待するのは無理からぬことであろう。

それから一年以上たった平成九年五月一日・八日合併号の『週刊文春』から「天才伝説・横山やすし」は連載された。余談であるが同時期に新潮社の広報月刊誌『波』の一九九七年四月号から「おかしな男――ぼくの渥美清ノート」の連載が始まった（小林信彦の喜劇人論はすべて渥美清が基本形にあって書かれていると思う。またそれだけのつきあいもあったし、こういったもの［喜劇人批評］すべてに客観視できる小林信彦ではあるが、今となっては渥美清に対しては思い入れも相当あったように思える。もっとも『おかしな男』は冷静に書いている）。これも時間を経て書き出したということにおいては同じ姿勢である。

この「天才伝説・横山やすし」の連載は芸界の内外を問わず話題となった。毎週の『週刊文春』の発売が待ち遠しかった。峰岸達のさし絵が毎回おもしろかった（単行本にはほとんど入っていないのが残念）。理論家で知られる上岡龍太郎から、「小林さんに書かれたら、ぼくにはそういうところがあるんだろうなと納得する」と聞かされたことがある。それだけ幕内の人にも書いていることが信用されているのであろう。昔の正岡容のようでもある。単行本のあとがきで小林信彦自身、「さまざまな意味で筆を抑制したが」と書いておられるが、それでもこれだけの内容である。実名入りの小説と見た方がよい。連載中は実際に単行本になるかどうか疑問視していた。

肝心の横山やすしの記述にはここでは具体的には触れない。が、漫才研究に対しては特に、「はなはだ怪しげなるジャンルだった万歳を（しゃべくり漫才）に作り変えたのはエンタツであり、アドヴァイザーが秋田實だった」という部分が好きであり、また、「世の中には、芸人好きの文化人、または文化人まがいがいて、あの芸人は私が育てた、とか、むかしは仲が良かったが、などと書いたりするが、これは最低であり、垢抜けないと思う。好きな役者、芸人の舞台を観にいったあと、ぼくは（楽屋に顔を出）さない。さっさと消えてしまう。ぼくだけではない。「男はつらいよ」で波に乗り始めたころの渥美清がそうであった。大好きな藤山寛美を観に行っても、絶対楽屋に行かない。「演技から受けた感動が薄くなる」というのがその理由だった」という部分に関しては、わが意を得たりという感じでもある。漫才作家の加納健男は「やすし・きよしの漫才が青春のものだった」という件をしきりに感心していた。なんにしても一読をお勧めする。さきほどの新聞記事の締め括りで、「ぼくの考えでは、彼はそれほどアルコールが好きではなかったのではないかと思う。おそらくは（若くして天下をとった）ための不安から逃れるために酒を飲み、そのまま癖になってしまったのではないか。人を怒鳴りつけながら、ぼくに向かってはこぼし話をして泣く、という忙しい酒で、ぼくもつきあいで泣いてしまったことがある。こんな莫迦《ばか》げた真似《まね》は生まれて初めてだ。死んで初めて自分が不安から解放される。近年、そんなことばかり考えているので、やすしさんの死は大いに応《こた》えた」と語る小林信彦。小林信彦の才能に対し、我々は憧れをもっているが、意外とご本人にとっては、その才能は不幸なことなのかも知れない。

本書は今後、演芸研究の基本書になるであろう。

（『上方芸能』第一三〇号、一九九八年一〇月一〇日）

小林信彦『おかしな男 渥美清』

映画俳優としての渥美清の最初の成功は、昭和三八年四月二八日封切の『拝啓天皇陛下様』（野村芳太郎監督）である。この作品は原作者・棟田博の分身ともいうべき作家役の長門裕之の目を通して物語が描かれてゆく。ここでの渥美清が扮する、軍隊を天国だと思っている、前科者・山田正助という、愛嬌と素朴さと、それに相反する、冷酷さと狂気を併せ持つ主人公を愛情をもって語ってゆくという、この映画が『おかしな男 渥美清』（二〇〇〇年四月一五日発行、新潮社）の、小林信彦と渥美清との関係にそのままあてはまる。

新潮社の広報月刊誌『波』に一九九七年四月号から一九九九年一二月号まで連載された、「おかし

な男　僕の渥美清ノート」を、単行本付録での小沢昭一の言葉ではないが、「貪るように毎号楽しみに読ませていただきました」ということではまったく同じ思いであった（個人的にはぼくの渥美清ノート、という言葉を残してほしかった。たいへんな力作ではあるが、やはり個人的なノートという観点で描かれている本書にはふさわしい副題であったと思う）。本書の連載当初は、同じ筆者が、これも渥美清同様に（渥美清ほど親しくはないが）、横山やすしの評伝を『週刊文春』に同時連載（一九九七年五月一八日合併号—一一月六日号）していたから、ただでも丈夫でない小林信彦にとって、これは大変な労力だったといえる。

『日本の喜劇人』（新潮文庫）等の、ご自分で見聞きした、感覚と歴史観によっての、喜劇人の評論（記録）というのは、日本では、ほとんど小林信彦がパイオニア的な存在であり、また、その後、血肉の通った喜劇人論がないところからみても独走の感がある。その小林の喜劇人を計るメモリの基準が、私的にもほどよい距離での交際のあった渥美清であるということは、『日本の喜劇人』を読めば一目瞭然。役者人生後半の映画『男はつらいよ』シリーズの車寅次郎のイメージでしか渥美清という俳優を知らない人々にとって、ここで描かれる渥美清の姿には面食うであろう。喜劇人として至極当然の上昇思考で、人間的にもかなりきつい個性のあった一喜劇俳優が、寅さんという役に巡りあったことから、俳優としても一個人としても人間的に変化してしまう。映画『男はつらいよ』シリーズが始まった当初、人から、「寅さん」といわれることに抵抗があったという渥美清。「寅ほど俺はバカじゃない」。ところが、「俺は本当に寅より賢い人間なのか」と思い始めたことから俳優・渥美清は、車寅次郎という役柄を通して、濾過《ろか》され、人間的にも昇華してゆく（またはそう演じた）。渥美清は、藤山寛美、植木等、伊東四朗、横山やすしと、個人の喜劇人評伝をも描いてきた、小林信彦の、青春そのもので、この『おかしな男 渥美清』は代表作には間違いない。

〝おかしな男〟と愛情をもって渥美を称える、小林信彦自身もまた相当〝おかしな男〟といえる。先の小沢昭一の言葉ではないが、私生活一切をひた隠しにしたにもかかわらず、「こうやって、ねちっこく書いていただいて」、渥美清は幸せな俳優であった。

（『上方芸能』第一三八号、二〇〇〇年一二月一〇日）

芸を書き残す

舞台の芸というものは一期一会、その瞬間に消えてしまうものだ。これは現在のように録音録画が残っても実際のライブの舞台とは別物だ。

桂米朝氏は「テレビでは催眠術が効かんやろ?」と例えた。舞台中継が残っても人為的に撮影されたものは舞台そのものではない。同時に同時代の鑑賞者が感じた空気感や批評、それに具体的な模写があれば、その〝芸〟の八割方が残るような気がする。

しかし、関西には記録文化そのものがないと言い切ってよい。芸能についての書籍もエピソードや交遊録、そして〝生きざま〟といったものばかりである。私自身はそんなものより芸そのものを読みたい。ないならば自分で書くしかない。

私が関西的ではないことから劇作家・竹本浩三氏に「戸田さんは芸そのものに興味があるんやな」と驚かれたことがある。

私のお手本は、正岡容「先代桂春團治研究」と四代目桂米團治「近世落語家伝――桂文我」という文章だった。ふたりは米朝氏の師匠である。米朝氏や上岡龍太郎氏の普段の芸談では、紹介する芸を自ら模写をして、そのあとにその芸への考察を語る。目の前で実際にその芸を目撃したかのような印象が残る。そして米朝氏と同じ正岡容門下の小沢昭一氏の一連の『日本の放浪芸』の音声や書籍の仕事も参考になった。

執筆のテクニックとしては正岡容著『艶色落語講談鑑賞』にある四代目桂文團治の上方落語『島めぐり』を活写した部分がより具体的であった。

「間」を置くと文團治、

「これ以上演ったら、私もいのちがつづきまへんよって、これでしまいにします」とわざとソソクサ口早に云って、またニコリともしない部厚な顔を大きく下げ、陽気な寄席囃子におくられながら、ノッシノッシ高座を下りて行った。

正岡容は作家であり小説的なテクニックを使っていた。私が書いた西条凡児の漫談は、少しその小説的なテクニックを使っている。

〈勧進帳〉の出囃子にのって、西條凡児は舞台袖から両手を擦り合しながら登場、途中からその両手で拍手をしながら舞台中央のスタンドマイク前に立つ。「ヘッ」と、初めは上の方を見て、そして、ゆっくり観客へ話しかけるように喋りだす。身ぶり手ぶりを交えながら、だんだんと噺に熱が入り、その語りにテンポが出てくる。時折、右手の中指で眼鏡のかなめを押し上げる……。

へ、おおきに。またお世話になります。文京区の公会堂で、荒船清十郎という国会議員の人が、(指を)二本出して、四本出して、二本出したら(註・ぎりぎり過半数の二四二票で)、総理大臣が出来ました。

(『凡児無法録――「こんな話がおまんねや」漫談家・西條凡児とその時代』)

――と池田勇人が昭和三九年に三選勝利した自民党総裁選挙を風刺する。

私は映像や音声を使ってテレビやラジオでも「芸」についての考察番組の構成を担当した。また私のもうひとつの専門分野は映画でもあったので、対象が例え「話芸」であったとしても「音」としてではなく視覚的に捉えて執筆する。

さらに右記で触れたような諸先輩方の話芸や執筆の方法をも遣って芸そのものを書きつければよい。私は幕内の人間でもあるので、客席で舞台を鑑賞するだけでは窺い知れないプロの作法も理解している点も強みであった。

初めの頃の試みとしては、落語と舞踊の融合ともいうべき「芸」を編み出した三代目桂春團治についての文章があった。『高尾』での幽霊の出を語る春團治の仕ぐさは以下のように記した。

下座から、ねとりというドロドロと鳴る幽霊登場のハメモノが聞こえてくる。春団治は左手は袂内の中、右手は扇子をパラパラと少し広げたものをこめかみの横に持ち、フウラ、フウラと風になびくように、ゆっくり、ゆっくりと振りながら、背筋を真っすぐ伸ばしたまま、膝と太腿の力で垂直にスゥーッと、上へ上がってゆく……。

（『桂春団治 はなしの世界』）

桂米朝演じる『はてなの茶碗』については次のように書いた。

茶金を出せといい張る油屋。店が揉めている。声を荒げる油屋。

「茶金さん、出したらええねがな!」
すると膝立ちした米朝が、奥からのぞくようにして一言いう。
「店が騒がしい。どうした?」
この少し、抑え気味のトーンでしゃべる茶金の一言により、それまでの高座の空気がガラリと一変する。茶金の風格ある人物像というものが高座に漂う。

(『随筆 上方落語の四天王——松鶴・米朝・文枝・春団治』)

夢路いとし・喜味こいしの漫才集を出す時には米朝氏に「漫才台本を載せるんか?」と問われ、「いえ、高座を原稿に起こします」と答えると「ああ、それやったら本にしてもおもろいやろ」。これは米朝氏の『米朝落語全集』がヒントになった。口調が文章に出る。ただ、芸の「間」や「声質」、「リズム」までは文では伝わらない。上岡龍太郎の「芸」を描く場合は、後世上岡を知らぬ世代にも伝わるよう高座の音源を一本書籍へ付けた。

三木のり平の評伝『何はなくとも三木のり平』では、長男小林のり一氏の証言を主に、のり平が生涯をかけた喜劇の舞台をそのまま読者に読ませたいと思い、舞台記録から芝居を書き起こす工夫をした。つまり演者の口調や動きを伝えることでより印象が立体的になる。同時にのり平に師事して自らの落語が演劇的になった古今亭志ん朝の、のり平芝居と志ん朝落語の融合についても心して書いた。当初のり一氏との面識もSNSで得たのも現代的だ。

初期、『桂春団治 はなしの世界』を書きあげた頃に恩師桂枝雀に言われた。

「あんたの書いてるものは、今どうこう言われるものではなく、五〇年後、一〇〇年後にこの時代に戸田某が桂春團治をこう見ていたという風に評価されるもんやな」

関西の芸能仕事はムラ社会。同業という人たちから執筆についての嫌がらせや妨害を多く受けた。大河ドラマ『八重の桜』での佐久間象山（奥田瑛二）の「何かを始めようとすると何もしない奴が必ず邪魔をする」という言葉を実感する。米朝氏にも「公の施設を頼るな。個人でやれ！」と言われた。私のような仕事は孤高を保つことが肝要だ。

（『毎日新聞』大阪版夕刊「ぶんかのミカタ」二〇二二年九月二四日）

上方の興行史上の人々

吉本興業の戦略・前史

吉本興業の社史によると創業は、明治四五（一九一二）年四月一日ということになる。吉本吉兵衛（のち泰三と改名）・せい夫妻が天満八軒の一つ「第二文藝館」を買収して、寄席経営の第一歩を踏み出した日である。ただ、その後の芸能史研究によると、実際に吉本が天満で寄席興行を開始したのは、翌年の大正二（一九一三）年四月ということだ。創業日から間違っている。この話を吉本興業の重鎮・笑福亭仁鶴にすると、爆笑したあとに「ええなあ…」と噺家独特の受け方をした。このことからも分かるように吉本という会社は、つねにアバウトさがつきまとい、それがなんとなく膨張を続ける要因のような気がする（これまでの定説は誤記も多く、以下の日時は最新の調査を交えて記す）。

当初、演芸人の配給は、明治四四年八月に開場した、大阪上本町「富貴席」の太夫元・岡田政太郎が組織した「浪花落語反対派」と提携した。

この時代の寄席番組の中心は、現在の東京演芸界と同じく落語が中心である。明治中頃にその上方落語の頭目争いの末に「桂派」と「浪花三友派」の二派が代表する大きな組織として君臨していた。

それに反対する組織として、岡田政太郎は「反対派」と命名。番組は、むろん落語も入るが二流どころで、出番の中心は、新内、軽口、音曲、踊り、剣舞、琵琶、奇術等々の色物であり、入場料も格安であった。「何でも構わぬ、上手も下手もない、銭が安うて、無条件に楽しませる演芸」の看板は大阪人の心情に訴えるものであり、のちにその精神は吉本に受け継がれている。

当初の吉本は、岡田反対派を番組提携というだけでなく、興行の師匠として兄事した。山崎豊子の『花のれん』では、吉本泰三をモデルとする河島吉三郎は遊び人だ。しかし、これは、あくまでも小説で、実際の吉本泰三は、単なる遊び人ではなく、抜け目のない商売人であった。

せいは、木戸番だけでなく、客席でお茶子の仕事もする。雨の日には客の下駄の泥を拭い、楽屋へ回っては、芸人の背中を拭いてやったりもした。金を使わず、相手の心をつかんだ。夏場には、文藝館前で冷やし飴の瓶を氷の上で転がし、冷やすサービスを始め、飛ぶように売れた。

翌年には、経営地盤の拡大に乗り出し、松島「芦邊館」、福島「龍虎館」、梅田「松井館」、天神橋筋五丁目「都座」を手に入れ、チェーン化してゆく。

大正四年一〇月、大阪法善寺境内にある蓬莱館（元金澤席・元桂派牙城）を買収、「南地花月亭」として開場する。大阪第一等の寄席である。

その後、反対派の定席の過半数は吉本の掌中に帰す。太夫元としての権利はいまだ岡田にあったが、席亭としての実権は弟分・吉本に帰し、番組編成も有利になる。

大正六年、総監督の肩書で、せいの実弟・林正之助が入社。彼は大阪型の大プロデューサーの資質を備えていた。大阪を中心とする寄席の買収に大物芸人の専属化を繰り返す。

大正九年一二月、岡田政太郎が急逝し、その後、次男・政雄が岡田興行部を引き継ぐが、大正一〇年二月一日、反対派一統を吉本興行部に譲渡する。この年の一月には、爆笑王といわれた初代桂春團治を専属にし、また「神田花月」など東京へも進出。出雲民謡「安来節」の演芸化にも力を入れる。正之助がスカウトとして出雲へ旅立ち、その特異な才能を発揮しだす。「安来節」の娘たちの健康美あふれる踊りが、当時の観客にエロチシズムと滑稽さを提供した。

大正一一年一一月、『旬刊演藝タイムス』を刊行する。吉本の各演芸場で配布する小冊子であるが、これも一つのメディアである。反対派が発行していた『反対派新聞』を真似た。以後、『笑賣往来』、『ヨシモト』とPR雑誌が進化してゆく。戦後の『マンスリーよしもと』もこの延長線上にある。

大正一一年九月には、法善寺境内の浪花三友派の牙城「紅梅亭」を買収、「花月三友合同」が誕生するが、大阪から落語を中心に番組を組んでいた「落語席」が消滅した。

大正一三年二月一三日、吉本泰三没。享年三九。泰三を「怖い兄さんでした」と言う義弟・林正之助は「ライオン」との異名をとり以後の吉本を実質的に動かす。「ご寮《りょん》さん」吉本せいと正之助は「飴と鞭」の関係で仕事を取り仕切った。

吉本は萬歳に力を入れ出す。大正一四年七月、直営館である千日前「南陽館」を萬歳専門の「十銭萬歳」として低料金で開放した。

昭和二年八月二〇日、道頓堀五座の一つ弁天座で松竹と提携して実質の萬歳大会「諸芸名人会」を開催し、好評だったことから、一二月一五日―二一日、同じく弁天座で「全国萬歳座長大会」を開催、大成功する。

昭和五年五月一一日、玉造・三光館で横山エンタツ・花菱アチャコがコンビを結成。このコンビを組ませたのも林正之助であった。吉本は「しゃべくり漫才」という演芸を創造した。サラリーマンや庶民の家庭的な話題を主とする新興の演芸は大人気となる。

同年一二月七日、それまでに所属芸人のラジオ出演は、演芸場の観客を減らすとして禁止をしていたが、桂春團治が、ＪＯＢＫ（ＮＨＫ大阪）ラジオに無断で出演。これが却って演芸場への観客を呼び込む宣伝となった。

宣伝部は、新聞社、通信社各社へプレスリリースとして『吉本演藝通信』を日刊で配布し、メディア戦略を開始する。萬歳を漫才の字に改め世間に拡大させたのも『吉本演藝通信』である。

昭和七年一二月一二日、吉本は朝日新聞社と提携して、中之島朝日会館で「「笑ひの夕」萬歳座長大会」を開催。

昭和九年六月一〇日、南地花月からラジオ局ＪＯＢＫ（ＮＨＫ大阪）の全国初中継が行われ、上方落語とともに、エンタツ・アチャコの漫才が放送され、注目されるも八月、アチャコが病気で倒れたのを機にコンビを解散させる。以後は別々のコンビで活動し、映画のみでエンタツ・アチャコのコンビが見られるようになる。人気コンビを二分して、別の人間とコンビを組ませてさらなる収益を図る、正之助の興行師としての才覚である。エンタツ・アチャコは、放送、レコード、映画、書籍類とメディアミックスで活躍した。

昭和一〇年一月、文芸部を創設して、秋田實、長沖一、吉田留三郎、穐村正治らが所属する。

昭和一二年七月、日中戦争勃発。昭和一三年一月一四日には、朝日新聞社と提携して、演芸班戦地慰問団の第一回「わらわし隊」を派遣している。

昭和一四（一九三九）年七月、秋田實を校長とする「吉本漫才道場」を開校している。新しい芸能の創出、メディアとの融合、書籍類の発行、芸能学校の設立。戦前にすでに戦後も繰り返す吉本の戦略がすべて出尽くしている。

その前後、松竹系の新興演芸部による所属芸人の引き抜きなどのゴタゴタもあったが、昭和一六年一二月八日、太平洋戦争が勃発し、昭和二〇年三月一三日夜半の大阪大空襲で、大半の演芸場を失い、吉本は寄席興行から撤退することになる。

戦後、再度吉本興業が演芸業界に参入するのは、昭和三四年三月一日、うめだ花月の開場からである。特筆すべきは毎日放送と提携し、吉本バラエティ『アチャコの迷月赤城山』(花登筐作)他をテレビ中継した。戦後も演芸再開日からメディアとの融合は始まった。

吉本バラエティは、その後の吉本新喜劇の前身だ。内容は松竹新喜劇のパロディ。出来るだけ金をかけずに松竹新喜劇の逆の発想でコメディを作らせたドタバタ喜劇で漫才喜劇だ。消耗品の喜劇でもある。吉本は漫才の会社である。漫才は関西出身者で構成され、地方出身者は新喜劇へ入れた。「吉本新喜劇は、どこの二ナ人やというようなヘンな言葉ばっかりや(笑)」(上岡龍太郎)。そこからギャグが生まれ、独特のジャンルが出来た。

昭和四〇年代にラジオの深夜放送に端を発し笑福亭仁鶴の異常なほどの人気が沸騰したのをきっかけに、当時の演芸大国であった道頓堀角座を経営する松竹芸能に、その人気と影響力で追い抜き、戦後再び吉本が大阪演芸界のトップに踊り出る。功労者・仁鶴に対して、林正之助は「仁鶴さん」と敬称をつけて呼んだ。

昭和四八年五月には、毎日放送と共同出資で番組制作会社「アイ・ティ・エス」を設立して、本格的なユニット番組の制作に乗り出す。昭和五五年に始まった「漫才ブーム」を機に、東京吉本連絡事務所を設立し、吉本は東京キー局の放送局との関係を深めてゆく。

ツッパリ漫才の島田紳助・松本竜介は、若者たちの支持を得、横山やすしの影響もあって大阪弁そのものが広く全国的に受け入れられるようになる。

昭和五六年五月からフジテレビでプロ野球の雨傘特番として始まったバラエティ番組『オレたち

ひょうきん族』は、やがてレギュラー化し、多くの吉本タレントを番組に送り込む。ここからは明石家さんまなどが全国区タレントとして活躍するきっかけをつかみ、次第に吉本タレントが全国的な人気者として放送界を席巻する。

そんな流れから、昭和五七年四月四日、タレント養成学校・吉本総合芸能学院（ＮＳＣ）を設立。そこから生まれたダウンタウンらが次世代へ大きな影響を与えて行く――。

内部抗争をくり返し、かつての同族会社であった創業一族もいなくなり、別会社の感もある吉本興業だが、その戦略的会社気風のＤＮＡは今もしっかりと生きている。

「失敗と成功」をくり返す吉本。次世代も新たなる発想で次のビジネスチャンスを生み出すのかも知れない。

（『悲劇喜劇』二〇一六年七月号）

法善寺花月のはなし

戦前、法善寺花月の名称で知られた吉本興業の演芸場「南地花月」は、法善寺横丁東側から入ってすぐの現在の「浪花割烹 㐂川」がその跡地である。

㐂川の玄関口には〈懐かしいおます　この横丁で　おもろい噺　五拾銭也　此処は花月の落語席あと〉の小さな石碑が建つ。

法善寺の水掛け不動の境内にある路地が法善寺横丁と呼ばれるようになったのは、昭和一七（一九四二）年三月五日に長谷川幸延の小説『法善寺横丁』が刊行されてからのことだ。大阪では本来「よこちょう」とは呼ばずに「よこまち」と呼ぶのが普通であろう。

かつての寄席「蓬莱館」を吉本が買収し、南地花月亭として開場したのが、大正四（一九一五）年一〇月一日のことである。

法善寺の花月は、演芸王国・吉本興業の寄席の中でも最上級の演芸場であった。そのために吉本所属でも選りすぐりの演芸人たちを出演させた。落語でいえば初代桂春団治、三代目三遊亭円馬、五代目笑福亭松鶴、漫才では、横山エンタツ・花菱アチャコ、ミスワカナ・玉松一郎といった大看板である。

少年漫才時代に荒川芳博・芳坊の芸名をのっていた、夢路いとし・喜味こいしは、この檜舞台に出演した。初日に出番を終えたら楽屋口で「お師匠《しょ》はん、御苦労さまでした」と下足を揃えて出してくれる背の高いお茶子がいた。子どもながら兄弟で相談してその人に祝儀を出そうと話し合ったが、先輩に訊ねるとそのお茶子は、当時の総支配人でライオンの仇名で演芸人に恐れられていた林正之助（のち会長）の妻・勢であった。

この人は良く出来た人だったようで、若い従業員にはオヤツ代わりに関東煮をよく差し入れた。当時、若手の一員だった吉田留三郎（演芸評論家）が、仲間と共にその関東煮を食していると、正之助がやって来て、その光景を一瞥、「端席へ行くか」と一言。

今ならさしずめ「僻地へ飛ばしたろか！」というようなもの。皮肉も洒落ている。

法善寺花月は、戦時中の昭和一九年三月二〇日に大阪府保安課長命令により休館となり、翌二〇（一九四五）年三月一三日の大阪大空襲で瓦礫と化した。

（「戸田学の雑学ノート」、『産経新聞』大阪版夕刊、二〇一四年七月二六日）

松竹芸能・勝忠男さんを悼む

戦後の関西演芸界隆盛を仕かけた最後の大物興行師の退場であった。

七月一七日に亡くなった勝忠男さんの履歴のスタートは千土地興行入社からである。昭和二五年、大阪で唯一の演芸場・戎橋松竹の支配人となる。漫才の中田ダイマル・ラケット、漫談の西条凡児らが大いに売り出した劇場。落語の五代目笑福亭松鶴、二代目桂春団治さんらとは親子二代で親しく接している。千土地退社後の勝さんは昭和二九年五月に新生プロダクションを設立。戦後、演芸人の専属契約を始めたパイオニアでもある。

昭和三一年八月、姉妹漫才トリオ「かしまし娘」を結成。「かしまし娘は成功しました。けど人気が先行してね、当時は漫才の腕がついて行きませんねん」と勝さんは笑っていた。昭和三三年五月、道頓堀のマンモス演芸場・角座を開場させた。

「大阪中の芸人が全部集まってきました。そこでかしまし娘がトリをとっていました。いまだに語り草なのは一〇〇〇人の劇場、四回公演で一万一〇〇〇人のお客さんが入りました。舞台までお客さんが溢れていました（笑）」

同年一一月、漫才作者・秋田實さん主宰の上方演芸株式会社と合併、松竹芸能の前身・松竹新演芸を設立。

三代目桂春団治、六代目笑福亭松鶴の襲名披露興行を成功させ、何度も角座で落語の興行に挑戦。戦後の上方落語復興にも尽力している。

二代目渋谷天外さんとは意気投合、松竹新喜劇を株式会社組織にした。借金問題の藤山寛美さんに退団を言い渡したのも勝さんで、復帰させたのも勝さんだった。

やがて勝さんは念願の演劇の世界へ本格的に進出したが、そのため一時、松竹芸能の演芸分野が後退したことは自らも認めていた。

勝さんの晩年、私は『六世笑福亭松鶴はなし』の編者として会った。すでに好々爺風であった勝さんは、熱を込めてこう語った。

「ぼくは落語家の勉強の場を作ってやらないかんと思った。B1角座は、ぼくの理想です。一三五席、立見を入れて一五〇。こんな落語がやりやすい劇場はおまへんねん。マイクはいりまへん。ぼくは「漫才でも落語でも世間がホンマに知らん人間を集めろ」と言うているんです。道場の場やから。あそこから三年先、四年先に若いやつがちょっとずつ出て来てくれたら――それを楽しみでやってまんねん。儲からなくてもいい。これはぼくの使命みたいなもんやからね」

勝さんは上方落語に対しては格別の思いがあったように思える。この四月に三代目桂春団治さんの芸能生活六〇周年の十番落語会を終えたばかりであった。

(『読売新聞』大阪版夕刊、二〇〇六年七月一九日)

大阪文化を担った名プロデューサー・吉鹿徳之司さんを偲ぶ

去る三月一六日、サンケイホールのプロデューサーであった、吉鹿徳之司《よしかとくのすけ》さんが亡くなった。享年八四。ご本人の強い遺志で公表を控えてきたという。吉鹿さんは、戦後の大阪文化を担った巨人であった。

昭和四年一一月一六日、台北生まれ、亡くなるまで台北一中の同級生とは月一回の交友をもっていた。劇作家・菊田一夫の初恋の相手は、吉鹿さんの叔母であった。

サンケイホール開場翌年の昭和二八年二月、サンケイビルに入社。ホール担当になる。以降は「サラリーマン興行師」として大阪を代表する文化の中心的担い手として活躍する。

中之島の朝日会館（その後は、フェスティバルホール）、堂島の毎日ホール、そして桜橋のサンケイホールという地理的に近い各新聞社付文化ホールでの催し物が高度経済成長期の大阪文化そのものだった。演劇、コンサート、古典芸能……サンケイホールが取り上げた作品の記録は、吉鹿さんによって何度も記念誌としてまとめられている。大阪では記録文化が残ることは珍しい。文化ホールとしての記録がこれだけ詳細に纏められたのは、サンケイホールのみであった。後世に残る吉鹿さんの仕事の一つである。

彼がもっとも肩入れした仕事が、昭和四六年七月から開催された「桂米朝独演会」であった。当初一五〇〇人収容の大ホールでの独演会を渋った桂米朝さんを口説き落とした。「絶対にお客さんを入れてみせます！」。

以後、三〇年間六〇回を数え、米朝落語のスケールアップにも貢献。米朝さんは名プロデューサーを得た。

私が企画・編集を担当した『桂米朝集成』（岩波書店）の仕事で吉鹿さんにお目にかかると「あんたに礼を言わないかん。この本で米朝師匠に文化勲章が来るで」と言われたが、のちに本当にその通りとなった。

八〇代になった吉鹿さんは「あんたな、七〇代と八〇代は、違うぞ」と体力の衰えを笑いながら話した。吉鹿さんは話術も絶品で、自らの伝説を拡大していた感もあった。

私は、米朝師から吉鹿さんの聞き書きを取っておくようにとも言われていたが、それは果たせなかった。興行に関わると面白い話も多いが、世間に出すには憚るエピソードも数多い。吉鹿さんは他者への迷惑を心配していたのだ。残念ではあるが致し方ない。

（「戸田学の雑学ノート」、『産経新聞』大阪版夕刊、二〇一四年一二月二七日）

大阪、神戸の映画館その他

大阪の名画座「大毎地下劇場」

ある一定年齢以上の関西映画ファンにとって、洋画二本立て低料金の名画座「大毎地下劇場」（座席数三二二）の名は、上映された映画とともに忘れられぬ記憶があろう。ここは「あなたが選んだあなたの名画」がモットーであった。

場所は大阪堂島・毎日ホールの地下である。現在のホテルエルセラーン大阪の場所。大毎とは大阪毎日の略であり、ビルの北筋向かいには毎日新聞大阪本社があった。

ビルの二階に位置する毎日ホール玄関へ向かう階段を右目に見て地下街へ向かう階段があった。そこを降りるとさらに劇場へ向かう階段が続くがその右横にチケット売り場があった。その右壁にはガラスの奥にポスターなどが貼ってあった。

階段を挟んだ反対側にもガラスケースがあり、ポスターや写真が展示されていた。ここは次週上映予告だったか。床にカーペットが敷きつめられた一段低くなったこの一角は洋服店も兼ねていた。階段を降り切って右側が劇場入口である。

受付では、毎月の番組を載せたカラー版のミニカレンダーが配られ、その後は友の会発行で二〇八号まで続いた『大毎地下ニュース』というB５版八頁の会報が配られた。受付から続く長いガラスケースが置かれ、ここで上映された新旧の映画パンフレットが収められ、菓子類とともに販売されて

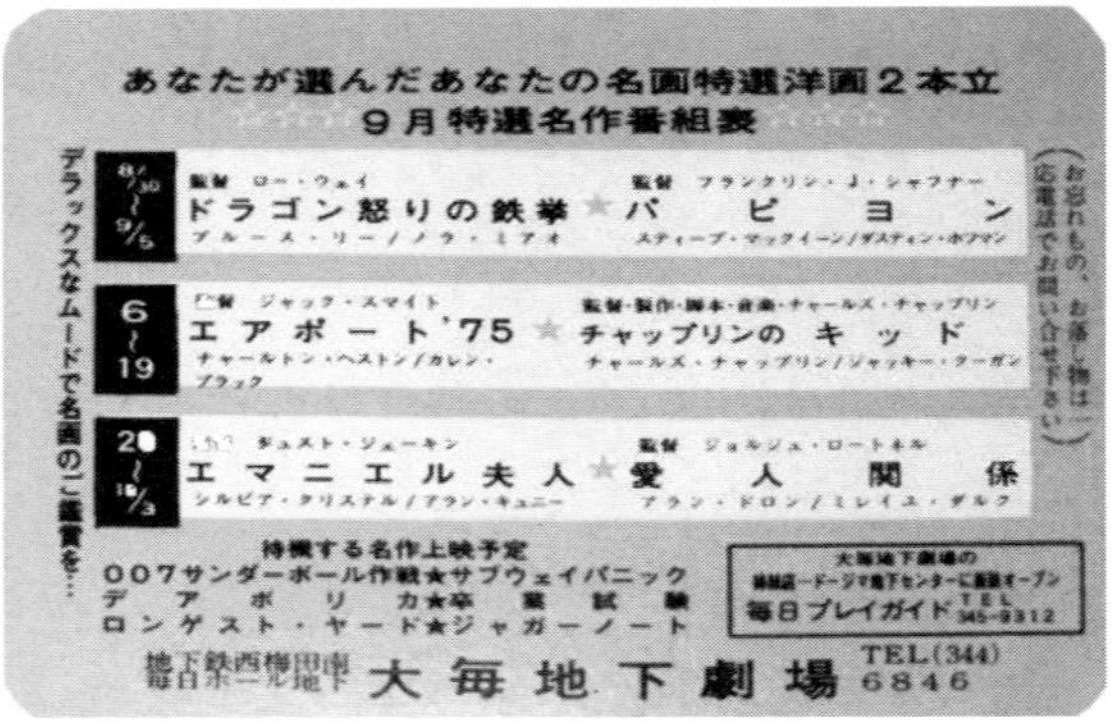

初めて訪れた時の大毎地下ミニカレンダー

いた。

受付を真っ直ぐ進み、突き当たりを左折すると、本棚に『キネマ旬報』のバックナンバーが並んでいた。逆に受付をすぐに左折すると、テレビとソファーがある空間。その奥には男女トイレの入口が並ぶ。

ロビーのテレビでは、家庭用ホームビデオが普及し出した時代には、〝個人として楽しみませんか〟と銘うちテレビの洋画劇場で録画したらしい映画を映していた。

昭和三三（一九五八）年四月一日に大映映画の封切り館として開場した大毎地下は、三五（一九六〇）年六月二六日に名画座へと転身。平成五（一九九三）年三月二五日に閉館した。

好評で何度も上映された作品は、『ある愛の詩』（七〇）、『小さな恋のメロディ』（七一）、『フォロー・ミー』（七二）、『男と女』（六六）、『ロミオとジュリエット』（六八）、『ローマの休日』（五三）などロマンスものが多かった。

ほかには『明日に向って撃て！』（六九）や、パロディ映画の傑作『ヤング・フランケンシュタイン』（七四）が圧倒的な人気があった。

私が初めて大毎地下に行ったのは昭和五〇年九月、小学校六年生の時だ。友人と二人で出かけた。

映画は『エアポート'75』（七四）、『チャップリンのキッド』（一九二一）の二本立て。『キッド』は既にリバイバル・ロードショーで見ていて二回目である。

この時の『大毎地下ニュース』にその年の一〇月から「大毎地下名画鑑賞会」が新たに始まるとあった。

かつてビルの配管の故障とかで劇場が水浸しになったことがあった。その時に上映されていた作品は『パニック・イン・スタジアム』（七六）だった。

（「戸田学の雑学ノート」、『産経新聞』大阪版夕刊、二〇一四年五月二四日）

大毎地下名画鑑賞会

現在のようにＤＶＤやBlu-rayといった映像再生機材が普及する以前の映画ファンにとって、封切映画を見逃すと、低料金で何本立てかで映画を上映する名画座を追いかけるか、テレビの洋画劇場や深夜映画での吹き替えカット版の映画を丹念に探すしか方法がなかった。

大阪堂島にあった名画座「大毎地下劇場」は、通常興行とは別にビルの北筋向かいにある毎日会館北館一一階の毎日文化ホールで「大毎地下名画鑑賞会」と題して二本立て上映を行っていた。私はここでほとんどの古今東西の名画を見たものである。

毎日会館北館は一階に名曲レコードのワルツ堂があった。すでにその店から名画鑑賞をする雰囲気を醸し出していた。一一階でエレベーターを降りると簡易の長テーブルを並べた受付があり、そこでパンやポップコーンを無造作に並べて販売していた。

自動販売機は、なぜかニッカアップルジュースという珍しいものが売られていて、私のここでの定番であった。ポスターがない作品は、青焼きコピーをポスターがわりに貼り出していた。

文化ホールは多目的ホールで一階はパイプ椅子が並べられていた。ロビーに二台の映写機が並んで上映され、床がフラットなので、よく映写機前を平気で通る人の影がスクリーンにシルエットで映し出された。プリントの不具合での切ったり貼ったりもロビーで行っていた。そのロビーを少しまっすぐ行き、左に折れたぐらいに階上へ上がる階段があった。二階席には三列ほどの固定席があり、私はいつもここで映画を見た。

昭和五〇（一九七五）年一〇月に始まった、第一回の作品は『チャップリンの黄金狂時代』（一九二五）、『犬の生活』（一九一八）という名画中の名画で、平成五（一九九三）年三月の最終回は溝口健二監督『西鶴一代女』（五二）であった。まさに名画鑑賞会の名に相応しい上映であった。

私は、『八十日間世界一周』（五六）、『アラモ』（六〇）、『グレートレース』（六五）、『おかしなおかしなおかしな世界』（六三）、マカロニウエスタンの大傑作『続・夕陽のガンマン 地獄の決斗』（六六）、それにこの名画鑑賞会で人気のあったビリー・ワイルダー監督の『アパートの鍵貸します』（六〇）、『あなただけ今晩は』（六三）、『ねえ！キスしてよ』（六四）、『ワン・ツー・スリー』（六一）、『恋人よ帰れ！わが胸に』（六六）等、ほどんどの古典的名画はここで見た。

こういう形式の名画鑑賞会をぜひ復活させて欲しいものである。

（「戸田学の雑学ノート」、『産経新聞』大阪版夕刊、二〇一四年六月二七日）

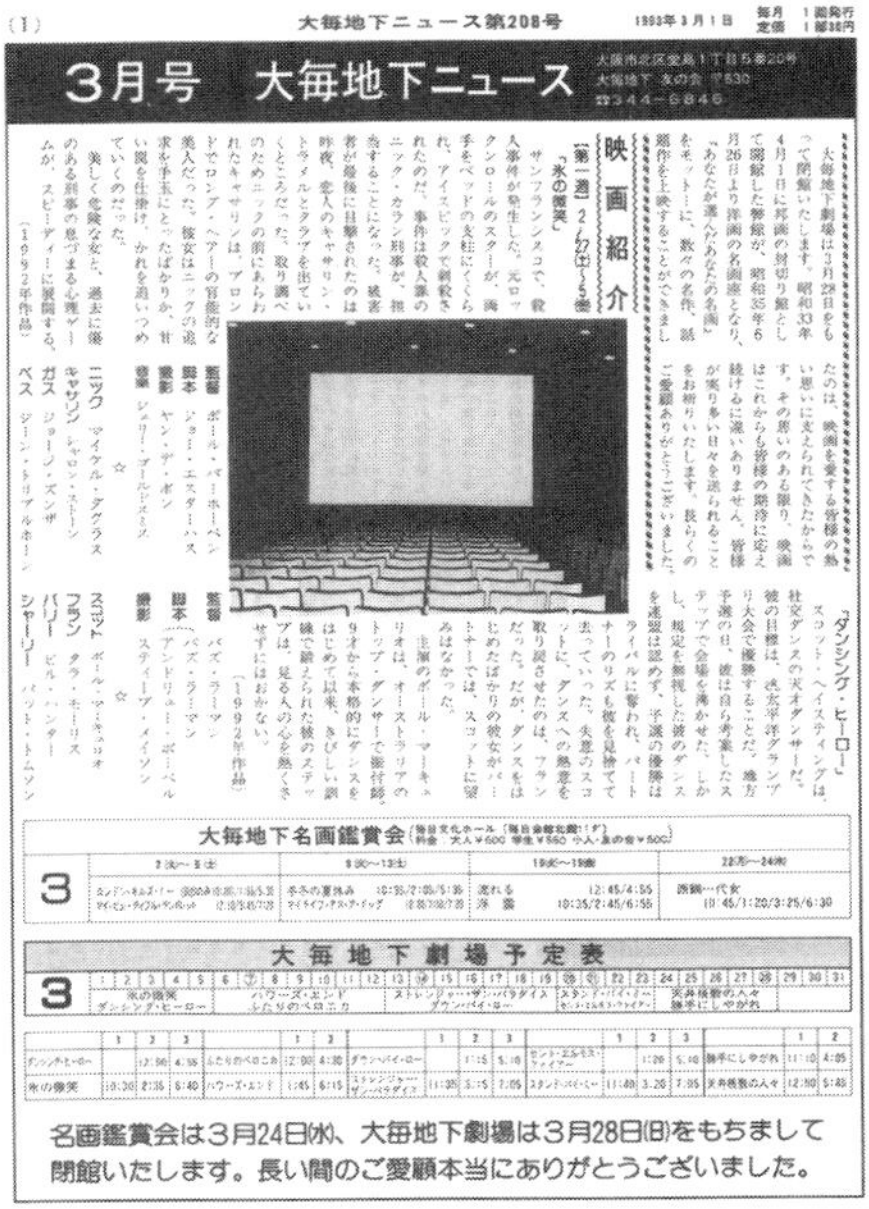

(1)　大毎地下ニュース第208号　1993年3月1日　毎月1回発行　定価1部30円

3月号　大毎地下ニュース

大阪市北区堂島1丁目5番20号　大毎地下 友の会 〒530　☎344-6846

大毎地下劇場は3月28日をもって閉館いたします。昭和33年4月1日に邦画の封切り館として開館した弊館が、昭和35年6月26日より洋画の名画座となり、『あなたが選んだあなたの名画』をモットーに、数々の名作、話題作を上映することができましたのは、映画を愛する皆様の熱い思いに支えられてきたからです。その思いのある限り、映画はこれからも皆様の期待に応え続けるに違いありません。皆様が実り多い日々を送られることをお祈りいたします。長らくのご愛顧ありがとうございました。

映画紹介

【第一週】2/27(土)～5(金)
「氷の微笑」

サンフランシスコで、殺人事件が発生した。元ロックンロールのスターが、両手をベッドの支柱にくくられ、アイスピックで刺殺されたのだ。事件は殺人課のニック・カラン刑事が、担当することになった。被害者が最後に目撃されたのは昨夜、恋人のキャサリン・トラメルとクラブを出ていくところだった。取り調べのためニックの前にあらわれたキャサリンは、ブロンドでロング・ヘアーの官能的な美人だった。彼女はニックの追求を手玉にとったばかりか、甘い罠を仕掛け、かれを追いつめていくのだった。

美しく危険な女と、過去に傷のある刑事の息づまる心理ゲームが、スピーディーに展開する。（1992年作品）

監督　ポール・バーホーベン
脚本　ジョー・エスターハス
撮影　ヤン・デ・ボン
音楽　ジェリー・ゴールドスミス
☆
ニック　マイケル・ダグラス
キャサリン　シャロン・ストーン
ガス　ジョージ・ズンザ
ベス　ジーン・トリプルホーン

『ダンシング・ヒーロー』

スコット・ヘイスティングは、社交ダンスの天才ダンサーだ。彼の目標は、汎太平洋グランプリ大会で優勝することだ。地方予選の日、彼は自ら考案したステップで会場を沸かせた。しかし、規定を無視した彼のダンスを連盟は認めず、予選の優勝はライバルに奪われ、パートナーのリズも彼を見捨てて去っていった。失意のスコットに、ダンスへの熱意を取り戻させたのは、フランだった。だが、ダンスをはじめたばかりの彼女がパートナーでは、スコットに望みはなかった。

主演のポール・マーキュリオは、オーストラリアのトップ・ダンサーで振付師。9才から本格的にダンスをはじめて以来、きびしい訓練で鍛えられた彼のステップは、見る人の心を熱くさせずにはおかない。（1992年作品）

監督　バズ・ラーマン
脚本　バズ・ラーマン
　　　アンドリュー・ボーベル
撮影　スティーブ・メイソン
☆
スコット　ポール・マーキュリオ
フラン　タラ・モーリス
バリー　ビル・ハンター
シャーリー　パット・トムソン

大毎地下名画鑑賞会（[illegible]　料金　大人¥600　学生¥550　小人・友の会¥500）

3	2(火)～5(金)	9(火)～12(金)	16(火)～19(金)	22(月)～24(水)
	ロンドン・キルズ・ミー [illegible] マイ・ビューティフル・ランドレット [illegible]	冬冬の夏休み [illegible] マイライフ・アズ・ア・ドッグ [illegible]	流れる 12:45/4:55 浮雲 10:35/2:45/6:55	西鶴一代女 10:45/1:20/3:25/6:30

大毎地下劇場予定表

3	1～5	6～12	13～19	20～23	24～28	29～31
	氷の微笑 ダンシング・ヒーロー	ハワーズ・エンド ふたりのベロニカ	ストレンジャー・ザン・パラダイス ダウン・バイ・ロー	スタンド・バイ・ミー セント・エルモス・ファイアー	天井桟敷の人々 勝手にしやがれ	

	1	2	3		1	2		1	2	3		1	2	3		1	2
ダンシング・ヒーロー		12:50	4:55	ふたりのベロニカ	12:00	4:30	ダウン・バイ・ロー		1:15	5:10	セント・エルモス・ファイアー		1:20	5:10	勝手にしやがれ	11:10	4:05
氷の微笑	10:30	2:35	6:40	ハワーズ・エンド	1:45	6:15	ストレンジャー・ザン・パラダイス	11:35	3:15	7:05	スタンド・バイ・ミー	11:40	3:25	7:35	天井桟敷の人々	12:50	5:45

名画鑑賞会は3月24日(水)、大毎地下劇場は3月28日(日)をもちまして閉館いたします。長い間のご愛顧本当にありがとうございました。

『大毎地下ニュース』最終号

大阪ミナミの名画座「戎橋劇場」

「女性に愛される名画劇場」がキャッチコピーだったのが、大阪ミナミ心斎橋筋戎橋北東詰キリン会館四階にあった名画座「戎橋劇場」(定員三〇〇)である。

キタにある大毎地下劇場と対をなす低料金洋画二本立ての忘れ難い劇場であった。

昭和三三(一九五八)年五月九日に『知りすぎていた男』(五六)、『シェーン』(五三)をこけら落としに開場。大人料金が五五円だった。

キリン会館は、全体を赤煉瓦調の壁面で覆い、道頓堀川に面した南側に麒麟、西側の壁面には、王様の巨大なレリーフが浮き出ていた。南側四階、五階のバルコニーの壁には、現在上映中の映画名が布に書かれて張り出されていた。

キリン食堂や南海グリルが入ったビルの一階戎橋側には長方形のガラスケースがあり、上映映画二本の看板や手書きのロゴタイトル下に、スチール写真が張り出された。

宗右衛門町側の入口左横には、やはりガラスケース内に上映予定が記され、入口正面にエレベーター、すぐ左側にはBOX型のチケット売り場があった。

『男はつらいよ 浪花の恋の寅次郎』(八一)でマドンナの松坂慶子扮する芸者が、この前を通って宗右衛門町へ向かうシーンでこの劇場一階が記録されている。

ビル四階入口の受付を入り、真っ直ぐ行くと右側に二階へ上がる階段があり、その手前に引っ込んだように売店がある。二階席は階段状になっていて、劇場の一階真ん中あたりの位置までの席があり、その先両サイドにも席があった。私は二階席通路側何段目かのシートに小さな穴が空いている席がお気に入りだった。

劇場には一年間有効の無料友の会を年二回（五月、一二月）募集していて、会報がたまに届き、料金が割引になった。

中学時代に満員のこの劇場で初めて見るという友人とリバイバルの『パピヨン』（七三）、それに『アドベンチャー・ファミリー』（七五）を見たのが初めて。『マイ・フェア・レディ』（六四）他数多の

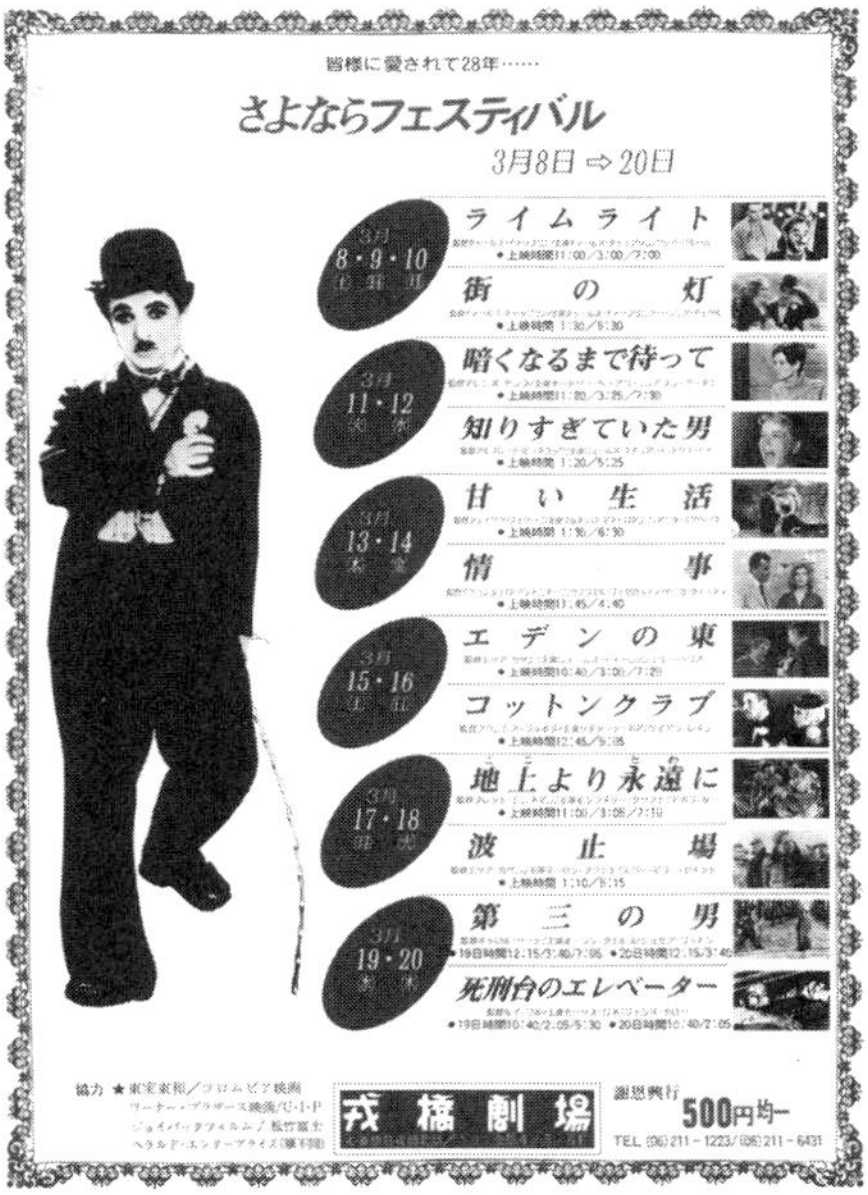

「戎橋劇場 さよならフェスティバル」チラシ

戎橋劇場パンフレット（1978 年 1 月）

作品を見た。

　昭和六一（一九八六）年三月二〇日閉館。三月八日からは『ライムライト』（五二）、『街の灯』（三一）を始めとして〝さよならフェスティバル〟と銘打ち二、三日交代で『暗くなるまで待って』（六七）、『知りすぎていた男』、『甘い生活』（六〇）、『情事』（六〇）、『エデンの東』（五五）、『コットンクラブ』（八四）、『地上より永遠に』（五三）、『波止場』（五四）が上映され、最後は『第三の男』（四九）、『死刑台のエレベーター』（五八）で終わった。正に名画劇場だった。

　跡地に出来たキリンプラザ大阪は、リドリー・スコット監督、マイケル・ダグラス、高倉健出演『ブラック・レイン』（八九）にその幻想的な姿が残るが、今やそのビルもない。

（「戸田学の雑学ノート」、『産経新聞』大阪版夕刊、二〇一四年一一月二二日）

シネラマOS劇場

遅ればせながら『西部開拓史』（六二）のBlu-rayを見た。特典版に驚いた。シネラマ劇場の彎曲したスクリーンを再現させたスペシャル・スマイルボックス方式と名がついた本篇映像が特典映像であった。久しぶりにシネラマ劇場を体験したような気になった。

シネラマは、三台の映写機で三方向から一四六度に湾曲した巨大スクリーンに映し出した立体映像である。スクリーンは人間の網膜と同じ角度に曲げられ、焦点距離も同じだという。客席は映像に包み込まれる感覚だ。

大阪市北区に昭和三〇（一九五五）年一月四日に開館した「シネラマ OS劇場」（―平成三［一九九一］年二月一一日）の思い出は深い。赤いカーテンで覆われていた巨大画面は壁一面であった。

全座席数一二七八は、現在のシネコン時代では当り前の全席指定席・完全入れ替え制で、席もSS席（四六席）、S席（一六〇席）、A席（七八八席）、B席（二八四席）と其々に値段が違った。

一般映画館と同じ値段はA席で、スロープ状のスタジアム型に配置された座席上方にあるA席から眺めると、前方入口から小さな観客が湧いて出てくるように見えたものだ。

三方向から映写の作品は、シネラマ社が作った『これがシネラマだ』（五二）を始め五作品。劇映画としては『西部開拓史』（六二）、『不思議な世界の物語』（六二）の二作を数えた。

その後は、中央映写室から七〇㎜フィルムで彎曲型のスクリーンに上映することをスーパーシネラマ方式といった。

『おかしなおかしなおかしなおかしな世界』（六三）、『偉大な生涯の物語』（六五）、『2001年宇宙の旅』（六八）等がそうである。

私が初めてこの映画館で見たのが『宇宙からの脱出』（六九）で昭和四五（一九七〇）年四月公開であった。アポロ13号の事故を先取りした映画として話題になったが、私は小学一年生。宇宙船の場面以外は場内を走り回っていた。

売店に売っていた小さな箱に入ったサンドイッチや、一度、『クレオパトラ』（六三）のリバイバル上映時に入った映写室の天井いっぱいに七〇㎜フィルムが横に回っているのを見て驚いた印象が強い。

「シネラマOS劇場さよならフェスティバル」チラシ

絵はがき「大阪市電阪急東口　昭和44年」

『ミッドウェイ』（七六）、『スター・ウォーズ』（七七）、『エイリアン』（七九）も高級感あふれるこの劇場で見た。

「シネラマOS劇場さよならフェスティバル」では『トップガン』（八六）、『ブラック・レイン』（八九）、『ウエスト・サイド物語』（六一）、『2001年宇宙の旅』（六八）、『インディ・ジョーンズ／魔宮の伝説』（八四）、そして最終の上映は『ベン・ハー』（五九）であった。

（「戸田学の雑学ノート」、『産経新聞』大阪版夕刊、二〇一五年五月二三日）

阪急プラザ劇場

阪急三番街北側にあった「阪急プラザ劇場」は、D150システム（七〇㎜）という大きな湾曲型スクリーンが特徴的な映画館であった。紀伊國屋書店梅田本店裏の北側一角すべてが劇場であった。

正面入り口上方には「D150 阪急プラザ劇場」と電飾で彩られ、ガラスドアを入ると、すぐ正面にガラスケースが置かれていて、そこにはこれまでこの劇場で公開された映画のプログラムが陳列されていた。

床は清潔なレンガ色で劇場を囲むように両左右の階段を経て廊下兼ロビーが広がり、突きあたりのスクリーン裏側に位置する場所に広いトイレがある。

この間取りはOS系の劇場に共通するもので劇場としては規模が小さいが、のちに新装オープンする千日前OSスバル座（一九七五年四月九日—二〇〇六年九月二四日）も同様であった。

阪急プラザ劇場は、昭和四四（一九六九）年一一月三〇日、セルジオ・レオーネ監督のマカロニウエスタン大作『ウエスタン』（六八）でオープンした。

当初は、『ペンチャー・ワゴン』（六九）、『風と共に去りぬ』（三九）、『クレオパトラ』（六三）、『パットン大戦車軍団』（七〇）、『天地創造』（六六）、『砲艦サンパブロ』（六六）といった大スクリーン向きの新旧の大作が上映された。

劇場内は、スクリーンに向かってスロープ状に下がってゆく観客にとっては見やすい構造で、座席数は九一〇。何しろ阪急電車梅田駅高架下にあるので、同じ沿線の神戸・阪急会館や三映、三劇同様に鉄道の振動が伝わって来た。

阪急プラザ劇場半券から劇場正面のスケッチ

私がこの劇場で見て印象に残っている作品は、火星着陸をNASAが偽る『カプリコン・1』(七七)や、ジョン・ボイド、フェイ・ダナウェイ共演でリッキー・シュローダー少年が大いに観客を泣かせた『チャンプ』(七九)がある。この時は、正面玄関に女性客用に「お泣き室」という簡易の化粧室を作った。

一九八〇年四月二九日にアルフレッド・ヒッチコック監督が亡くなり、それまで版権の関係で再上映出来なかったパラマウント作品『裏窓』(五四)、『めまい』(五八)、『知りすぎていた男』(五六)、『ロープ』(四八)、『ハリーの災難』(五五)を契約が残っていたユニバーサル映画配給で「ヒッチコック・フェスティバル」として上映され、『裏窓』以外がこの劇場で公開されたのも印象深い。

昭和五九(一九八四)年五月三一日に閉館。

(「戸田学の雑学ノート」、『産経新聞』大阪版夕刊、二〇一五年七月二五日)

洋画の殿堂「松竹座」

大阪は、ミナミとキタとでは文化が若干異なる。大阪ミナミ地区に住む住民にとって、洋画の殿堂「松竹座」は格別な劇場であった。ここで掛かっている映画はこの劇場で見たい。そう思わせる劇場だった。

大正一二（一九二三）年五月一八日の開場。活動写真館としては日本最初の鉄筋コンクリート造りで、クリーム色の外観ネオ・ルネッサンス様式建築は、来る「大大阪」時代の象徴でもあった。

劇作家・香村菊雄氏は数え年一六歳でこの松竹座のこけら落とし興行を見ていて、次のように印象を書く。

〈宮殿のように豪華であった。磨きあげた玄関の石だたみ、大理石のマントルピースや二階への手すり、まばゆいばかりのシャンデリヤ、エンジ色の客席やカーテン、繊細な彫刻に飾られたタッパの高いプロセミアムアーチ、そしてその左右には、ロイヤルボックスもある〉

この興行ではエルンスト・ルビッチ監督『ファラオの恋』（一九二二）、栗島すみ子主演の松竹蒲田作品『母』（一九二三）、さらには大阪松竹専属「松竹楽劇団」（大阪松竹少女歌劇）による楽劇『アルルの女』という当初は、映画と実演の興行であった。

戦前、ユナイト宣伝部時代の映画評論家・淀川長治氏が雑誌『松竹グラフィック』編集でこの松竹座へ出向していた時期もある。

私たちのよく見た一九七〇年代以降は、正面玄関にセリ出ている円形の切符売り場、そしてあまりにも写実的な絵看板がまず出迎えてくれた。

『エクソシスト』（七三）上映中には、正面右側に映画のポスターでお馴染みの洋館の窓とカーテンが再現されていて古くなった洋館・松竹座は不気味な感じがしてこの映画の上映に最も相応しい劇場だと思わせた。その後、この場所に映画グッズを販売するコーナーが出来た。

内部はオペラ座の如く左右に桟敷席があり、壁にレリーフ調の彫刻があったが、既にペンキは剥げていた。

実際に私が劇場へ入ったのは、母親と弟とで『タワーリング・インフェルノ』（七四）を見に行った

「エピローグシアター 松竹座」のチラシ

時だ。大ヒット話題作『ジョーズ』（七五）は、公開二日目に長蛇の列を並んで下へ落っこちそうな急斜面の三階席で見た。

ラストの巨大鮫の口から出ている酸素ボンベに警察署長＝ロイ・シャイダーが撃ったライフルの弾が当たり、鮫が吹っ飛ぶ場面では客席から拍手が起こった。客席の一体感。映画館で見る楽しさである。

平成六（一九九四）年四月二三日—五月八日まで「喝采　エピローグシアター松竹座」

と題して、『モロッコ』（三〇）、『スミス都へ行く』（三九）、『赤い河』（四八）、『風と共に去りぬ』（三九）等二四本の洋画の名作を上映。これほど大掛かりな劇場ラスト上映は空前絶後だった。最後に劇場の方々を見て回ったが、三階席の座席が既に撤去されていた風景には感慨無量だった。

（「戸田学の雑学ノート」、『産経新聞』大阪版夕刊、二〇一五年一〇月二四日）

南街劇場

私が大阪ミナミの難波高島屋真向いにあった洋画ロードショー館「南街劇場」に初めて行ったのは、昭和四九(一九七四)年一月二〇日のことである。ケネディ暗殺事件を描いた『ダラスの熱い日』(七三)が見たくて従妹にねだって連れて行ってもらった。小学校四年生であった。

南街劇場が入る南街会館は、昭和二八(一九五三)年一二月一八日に落成開場。

当初は地下にあったなんば東宝、三階にあったヌードショー劇場・南街ミュージック・ホールの三劇場のみであった。その後、二階席もあった南街ミュージックは南街シネマとなり、六階に南街スカラ座(ダラリと縦に長いスロープ状になった座席であった)と小ぶりな南街文化劇場が開場したらしい。らしい……というのは、私が知っている時代は既に五館の映画館が当たり前の時代だからだ。

南街劇場は、私の知る時代は右手に正面入り口と切符売場が並んでいた。出入口東側は戎橋筋商店街へとつながる通路で南側の壁には映画ポスターやスチール写真が貼ってあるショーウインドーがあった。

南街劇場は当初は二階席を入れて一四八八席あったという。受付を済ませて、少し行くと北側の壁に阪急・東宝グループ総帥・小林一三による「映画興行発祥の地」の一九五三年一一月付プレートがはめ込まれていた。この地にあった南地演舞場でのフランス=リュミエール兄弟発明のシネマトグラフ上映が、我が国の映画興行の最初であったというものだ。

ロビーには大きな二階席へ行く階段があり、その下あたりの北側には売店、そしてトイレが併設されていた。

『スター・ウォーズ』（七七）を見た時に改めて思ったのは、スクリーンが七〇㎜映画のマークのように湾曲型になっていたことだ。

南街劇場にあったプレート

『スター・ウォーズ』公開記念スタンプ

南街会館を正面から見ると二階にはビヤホール「ニューミュンヘン」の大きなウィンドウがあり、その上に大きな映画看板があった。

『パピヨン』（七三）や『大地震』（七四）の看板絵はいまだに覚えている。その後なんば東宝は閉館され、南街劇場の二階席が区切られ、南街東宝となった。

平成一六（二〇〇四）年一月三一日—二月一日に「さよなら南街 ラストショー 〜ありがとう、映画のような五十年〜」と題され、洋画一〇本、邦画一一本を全館のスクリーンに分けて五〇〇円均一で上映した。

南街劇場で最後の上映だと思い『アラビアのロレンス』（六二）、『ベン・ハー』（五九）の二本を立て続きで見てクタクタになった。劇場としての最終上映は『ニッポン無責任時代』（六二）に続けて、「映画館おくりびと」＝浜村淳さんのトークのあと『七人の侍』（五四）でこの劇場は役目を終えた。

（「戸田学の雑学ノート」、『産経新聞』大阪版夕刊、二〇一五年一二月二六日）

千日前国際劇場

「千日前国際劇場」は、大火災を起こした千日デパートの裏側にあった。

松竹洋画系の劇場で拡大ロードショー作品の場合は、道頓堀・松竹座と同じ作品を上映していた。『タワーリング・インフェルノ』（七四）を上映していた時代は、まだ千日デパート跡は、がれき状態で不思議な気がしたものだ。

劇場正面には、切符売り場があり、右側のガラスドアをくぐると、中庭へ出てそのまま木造の体育館みたいな建物があり、ここは二階席もある東映の封切館「国際シネマ」であった（定員五六四席）。切符売り場の左横の入り口を入ると、すぐ左側に地下にある成人映画専門「国際地下劇場」へ下りる階段があった。当初は名画座だったらしい。ここは入ったことがない。右側は受付となっていて、ちょっとしたスナック菓子や映画パンフレットなども売られていた。入るとロビー、正面奥の壁の裏にトイレがあった。ロビーの左側には、二階ロビーへ上がる階段もあった。受付を真っ直ぐ行くと劇場へ入る扉がある。劇場の大半は、フラットな一般客席だが、後方席だけは、階段状の席になっていて、私の指定席はこの階段席に決めていた。七六二席あった。

この劇場へ初めて入った記憶はかなり遅い。『ダーティハリー3』（七六）だから、その年の暮れのお正月映画であった。この時代は、今のような入れ替え式の映画館ではない。一日中映画を見ていられた。休憩時間には、舞台下手端でエレクトーンの演奏があった。男性奏者の演奏が終わって客席に一礼するとパチパチッとまばらな拍手が起こった。

七〇㎜大作映画の上映などもあり、『ベン・ハー』（五九）のリバイバル公開などもこの映画館で見た記憶がある。最近まで残っていた洋画大劇場なので、特に道頓堀松竹座が閉館以降は松竹洋画系の大作映画はこの劇場で鑑賞した。

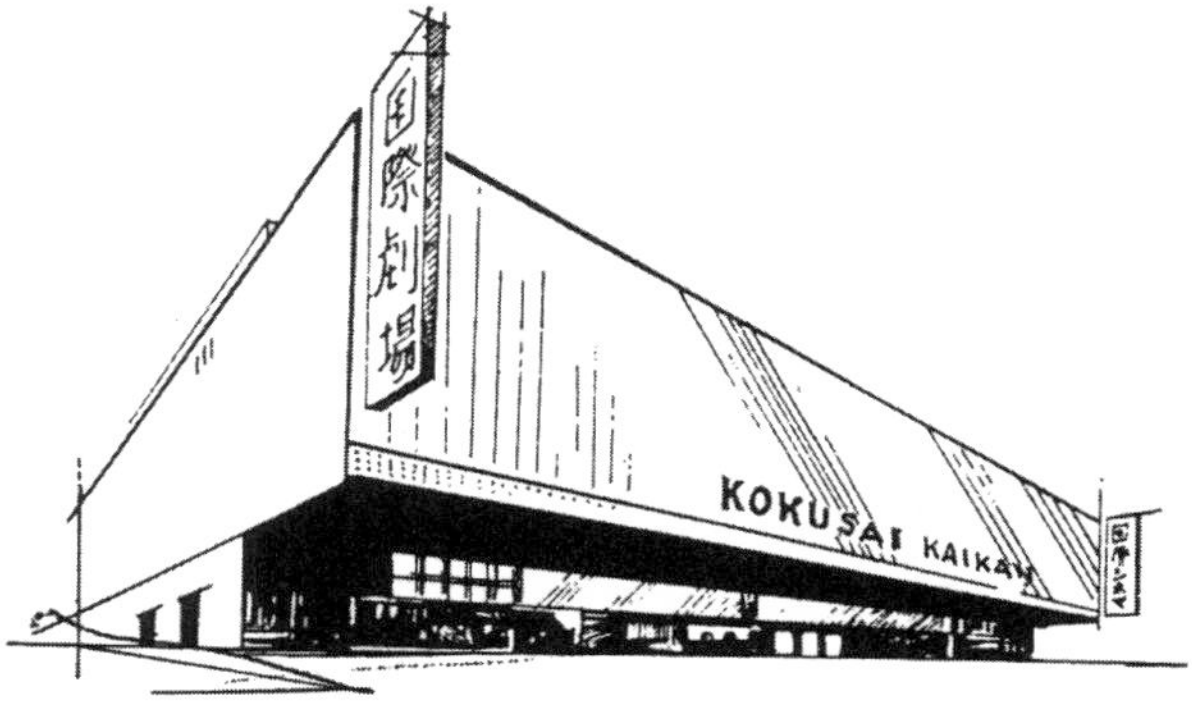

千日前国際劇場チケット袋から劇場スケッチ

昭和三一（一九五六）年に日活封切館として開場したらしい。日活がロマンポルノ路線に切り替わると洋画封切館になったという。

酷いのは、平成一九年四月一九日、なんばパークスシネマのオープンに伴って、松竹系洋画の配給権が切れ、仕方なくミニシアター系の旧作映画や日本ヘラルド配給のチャップリン映画の特集上映などで糊口を凌いでいた感があった（私としてはチャップリン映画を大画面で見られるのは大歓迎であった）。

しかし、平成二〇（二〇〇八）年三月三一日に休館とされ、そのままの閉館状態でやがて建物が閉鎖、解体された。現在のマルハンなんば新館がその跡地。

左隣にあった口上つきのたたき売りの店もいまや懐かしい。

（「戸田学の雑学ノート」、『産経新聞』大阪版夕刊、二〇一六年四月三〇日）

千日会館、花月シネマ

千日前に「パレ逢坂」という一階がマクドナルドのハンバーガーショップの雑居ビルがあった。その地下に「千日会館」という低料金の特選名画座があった（そのマクドナルドも今はない）。「パレ逢坂」に建て替わる以前のビルの二階にも「千日会館」は低料金特選名画座として存在していた。正面階段のポスター看板掲示の横の階段を二階に上がるのだが、一九七〇年代前半の小学生時代の私は入ったことがなかった。

その後の千日会館は、マクドナルド正面左横の階段から地下へと降りて行った。降りきった場所に自動券売機があったように思う。狭い五〇席程の縦長の映画館で入口左横にちょっとした受付兼売店のガラスケースがある。ロビーはL字型。受付すぐ正面には、客席入口とガラス貼りの映写施設が見えた。

この映画館の上映方法は面白い。映写室は劇場よりさらに一階下にある。映写機正面の鏡のような板に映して映画の光を上方へ屈折させて、さらに上がって来た光を劇場スクリーン方向へ受付前の上方の板で再び前方へ屈折させ、黒板大ほどの小さなスクリーンに映し出していた。

『スパイダーマン』（七七）、『溶解人間』（七七）等を見た記憶があるが、その後、特選洋画・邦画封切館となって『泥の河』（八一）やジャン・ギャバンのメグレ警視もの『パリ連続殺人事件』（五八）、

『サン・フィアクル殺人事件』（五九）を見た。

上映が終わり、スクリーンにカーテンが降りて来ると同時に、画面左右の通路用カーテンも上がってゆく。その奥にある、劇場内のスクリーン裏にあるトイレは日本の映画館草創期からの伝統的建築スタイルでもある。その後成人映画館となり閉館した。

昭和五〇（一九七五）年八月九日に同じく千日前のなんば花月劇場地下に「花月シネマ」という低料金の特選名画劇場も開場し、短期間ながら存在した。なんば花月の正面左端にポスターやスチール写真を飾るショーケースがあり、その右横に地下へ下りる階段があった。降り切るとすぐに受付で、狭いロビーがあった。

三〇席ほどの小さな劇場である。黒板サイズの小さなスクリーンは、濃い灰色っぽいプラスチックで、映写をなんとスクリーン後方から行っていた。光がスクリーンで止まるのだろう。

ここの支配人とは親しくなり、クリント・イーストウッドの『ガントレット』（七七）等の使用済みのスチール写真を安く売ってもらった思い出がある。

同時期、千日前にはヘンな上映方式の映画館が並立していたのだ。

（「戸田学の雑学ノート」、『産経新聞』大阪版夕刊、二〇一六年六月二五日）

大劇名画座

大阪ミナミのなんばオリエンタルホテルの場所に大阪劇場——通称「大劇」があった。昭和八（一九三三）年九月一日オープン。当初は映画館だったらしい。その後は、戦前戦後を通じて大阪松竹歌劇団（ＯＳＫ）の牙城として知られた。

そのビルの五階にあったのが「大劇名画座」。洋画二本立ての名画座だった。四階には洋画の成人映画三本立ての「大劇シネマ」があったがここへは入ったことがない。

肝心の大劇は、昭和四二（一九六七）年六月四日に閉館。大劇名画座自体はそれ以前からあったが、その後の同じ五階に位置していたのかどうかは知らない。

千日前通りに向けて大きな垂れ幕がかかり、上映される映画の二本分のタイトルが縦書きで記されていた。このビルは複合施設で、サウナやビリヤード場にゲームセンター、自衛隊の連絡所などがあり、このビルを管理していた興行会社でもあった「千土地興行」の事務所もあった。

垂れ幕の下あたりの入り口正面にエレベーターがある。その横のガラスケースにポスターやプレス写真が張り出されていた。古いビルなので全体の造りは大仰だ。五階で降りて左後ろへ行くと劇場入り口があったと思う。受付があり、そこにちょっとした売店があった。面白いのはソフトクリーム。すでに日世のコーンカップに盛られたソフトクリームをそのまま冷凍ケースで冷やしていた。

劇場は恐らく大劇の上階を切って劇場にしたのであろう。かなり急なスロープ状の座席で、スタジアム形式に扇状に広がっていた。であるからして劇場の最上部の客席の後ろと最前部は、野球場のように鉄柵があった。最前部からスクリーンまでのスペースのコンクリートはかなり汚れていて、飲み物が流れた跡などが残っていた。

上映作品は、同じ京阪神の名画座「新世界国際」や神戸元町にあった「元映」と同じくロードショー落ちすぐの名画が基本的に公開されていた。『タワーリング・インフェルノ』（七四）、『バニシング in '60』（七四）といったCIC配給作品二本立てのようなものだ。八〇年代に007シリーズが一気に上映されて狂喜乱舞した覚えがある。しかしプリントは相当酷いものであったが、これも名画座らしい。

一九九一年だかにビルの解体を機に閉館した。ここもとても懐かしい映画館である。

（「戸田学の雑学ノート」、『産経新聞』大阪版夕刊、二〇一六年八月二七日）

千日前セントラル、ＯＳスバル座

大阪ミナミにある千日前道具屋筋の中ほどに「千日前セントラル」という洋画封切り劇場があった。北側から道具屋筋へ入る左側の頭上に大きな絵看板が目立っていた。

私の知っている時代は、喫茶レストランのキーフェルの松本商事が経営していたと思う。劇場前は少しスペースがあって、正面左側にチケット売り場（のちには自動券売機になった！）、その右横に出入口がある。さらにその右側はショウウィンドウになっていて、封切り映画や次回上映作品のポスターやスチール写真が張り出されていた。

入口の受付はそのまま売店のカウンターになっていて、ドリンクやポップコーンと共に、映画のパンフレットが売られていた。ロビーは凹に広がり、左右奥に古いトイレがあった。改修もなされた劇場であったが、最終的な座席数は四五二席。いつ行っても空いている劇場であった。

上映されていた作品は、東宝洋画系作品で大阪ミナミの有名映画館「南街劇場」（現・ＴＯＨＯシネマズなんば）と同じ作品であった。劇場側もそのことをアピールしていた。

昭和五二（一九七七）年の正月映画として公開された『カサンドラ・クロス』（七六）を見た時には、劇場は大入り満員の盛況だったが、その後あまりそんな光景は見なかった。

平成一八（二〇〇六）年九月一五日閉館。その同じ年の九月二四日に閉館になったのが、かつてのスバル座の跡地に建ったミナミOSビル五階にあったOSスバル座である。

ここは昭和五〇（一九七五）年四月五日に、アラン・ドロン、ミレーユ・ダルク共演の『愛人関係』（七四）で再オープンした。エレベーターを降りると、ロビーが広がっている。正面左側にはチケット売り場ともぎり、そのテーブルがそのまま奥へと広がっていて売店になっている。

劇場自体は、左側奥へと広がっていて、他のOS系劇場と同じく床は上品なレンガ色であった。劇場を囲むように広がる廊下奥のスクリーンの裏手あたりに上品なトイレがあった。

売店のテーブルが切れるあたりのロビーが少し奥まり、左壁面がガラス窓になっていて、ミナミの風景が見える。その奥まったロビー左右上方の壁には、これまでこの劇場で上映された映画チラシが封切り順に張り出されていた。

「『OSスバル座』さよならフェスティバル」のチラシ

一時期まで劇場の前方は一般席で、後方は一段高くなった階段状の座席で、値段も特別に設定していた。全体で五〇五席。湾曲状に広がるスクリーンは、我々の世代としてはリバイバル公開で初めて『2001年宇宙の旅』（六八）を満員の客席で見たのがやはり印象に残っている。

（「戸田学の雑学ノート」、『産経新聞』大阪版夕刊、二〇一六年一一月一九日）

天王寺ステーションシネマ

ＪＲ天王寺駅・天王寺ステーションデパート地下にあった名画座が「天王寺ステーションシネマ」であった。

平成一三（二〇〇一）年三月三一日閉館。開場の日付がはっきりとは分からぬがデパート自体の開業が昭和三七（一九六二）年九月二一日とあるから、恐らくオープン時からあったのであろう。特選洋画一本立ての本当に低料金であった。

天王寺駅の北側の階段はそのまま地下鉄谷町線・天王寺駅へと通じる通路となっていたが、その通路はそのままデパートの地下食料品売り場を通ってゆく、その左側の西側端に天王寺ステーションシネマはあった。

初めてこの映画館を知ったのは小学生時代だ。東和の「ビバ！チャップリン」のシリーズで『チャップリンの独裁者』を上映していた。「こんなところで、まだ『独裁者』をやっているんだ」というのが私のこの映画館に対する最初の記憶である。

切符売り場は、初めは窓口であったがその後は自動券売機になった。その切符売り場の右側の少し地階への階段を降りると映画館のもぎりがある。その階段のさらに右側は通路になっていたと思うが、その通路の反対側壁にガラスケースがあって上映中や次回上映映画のポスターやスチール写真が貼られていた。

階段を降りたもぎりの横は、ショーケースが奥へと続き、売店になっている。その正面はトイレ。反対にもぎりを左折すると奥行きの狭い通路があった。

映画館の二階に当たる部分には、別フロアーのカウンターのみの道産子ラーメンの店があり、少し地階にある映画館の天井の高さ分この店へ入るには切符売り場左横のちょっとした階段を逆に上った。

この映画館へ初めて入ったのは、小学五年生の時かと思う。友だちと『エクソシスト』(七三)を見に行った。映画が始まる前にステーションデパートの本売り場か何かで時間を潰していると、中学生だか高校生に声をかけられた。「金を出せ!」と言うのだ。私が「嫌だ」と答えると、相手は「お前、ケチやな」という。二人で隙を見て逃げた。友だちは怖がっていたが、そのあとオカルト映画の『エクソシスト』を見たので、恐らくその日は二回も恐怖を味わったことだろう。ところがその友人は中学生になって不良仲間に入ったのだから人生は分からぬものだ。

入場料は子ども料金で二〇〇円ほどだったか。大人でも三五〇円ぐらいだった。

映画館そのものは小さく、一二八席だとか。椅子も旧式で悪い。後方が鉄柵になっていて、客席は横に広くスクリーンが近い。画面の細かな穴まで見えた。

(「戸田学の雑学ノート」、『産経新聞』大阪版夕刊、二〇一六年一二月一七日)

東宝敷島

戦前の大阪興行街は、キタ地区を小林一三率いる東宝系が押さえており、ミナミ地区は、浪花座、中座、角座、朝日座、弁天座の道頓堀五座を配した松竹が押さえていた。

ミナミ地区に小林一三が念願の進出を果たしたのが、昭和一三（一九三八）年一月一三日、現在のTOHOシネマズなんばが入っている東宝南街ビルの場所に「南街映画劇場」が開場した時のことである。それまでPCL東宝系作品のミナミ地区での上映は、明治四四（一九一一）年に千日前に開業した「敷島倶楽部」と昭和一〇（一九三五）年一〇月に契約、「東宝敷島劇場」として開場していた。

私が知っている「東宝敷島」は、昭和三一年四月二日に改築オープンされた劇場である。場所は大劇の向かい側にあった。劇場正面頭上は横長の大きな看板があり、その周りは電飾であった。

正面入り口、モギリ（受付）のところで左右に分かれていて、右へ行くと東宝系邦画作品を上映する「敷島シネマ」である。少し階段を降りたら正面に劇場への扉があり、中はスロープ状に下降した座席があったように思う。初めてこの劇場に入ったのは、父親に連れられて東宝チャンピオンまつりというゴジラ映画を中心にした子ども向けの映画祭で、この時のゴジラ映画はリバイバル上映された『三大怪獣 地球最大の決戦』（六四）であった。

モギリを左へ行くと階段があり、すぐに踊り場があって、反対側に上った場所が東宝敷島のロビーであったように思う。劇場扉を開けて中へ入るとミナミ地区でもかなり大きなスクリーンであったことを記憶している。

七〇年代以降では久しぶりの黒澤明監督の新作『デルス・ウザーラ』（七五）の初公開から『七人の侍』（五四）のリバイバル上映、さらには『隠し砦の三悪人』（五八）、『用心棒』（六一）、『椿三十郎』（六二）の三本立て再公開というものもあった。

『007は二度死ぬ』（六七）のリバイバルでは「この作品は、まだテレビでは放映されていません」という断り書きが新聞広告にあった。

ジョン・ウェインの遺作『ラスト・シューテスト』（七六）もこの劇場で見た。

東宝敷島は、平成一一（一九九九）年に閉館、解体。平成一二（二〇〇〇）年七月に敷島シネポップという三劇場として再開場。

黒澤明生誕一〇〇周年の際にはワーナーブラザーズ配給の『夢』（九〇）を除く全二九作品を連続上映。芸能界を引退した上岡龍太郎さんとよく会った。上岡さんは「昨日来てなかったなあ。あの映画は今回一回しか上映せえへんねんで」というマニアぶりであった。

（「戸田学の雑学ノート」、『産経新聞』大阪版夕刊、二〇一七年二月一八日）

三番街シネマ

「三番街シネマ」は、阪急三番街から道路を挟んで東側筋向いの百又ビル内にあった。三番街シネマ1・2・3と三館の映画館を百又ビル内に併設していたので同時開場かと思い込んでいたが、当初は昭和五〇（一九七五）年四月二六日にシネマ1、シネマ2が開場された。

一度改装工事があったと思うが、その後の定員はシネマ1（五階）が二階席を合わせて六一二席。私が印象に残っているのが、昭和五二年に東宝創立四〇周年記念で『駅前旅館』（五八）や『夫婦善哉』（五五）といった過去の名画を映画祭として上映。その中で黒澤明の『赤ひげ』（六五）が初公開以来、一二年ぶりの初の再上映があった。初公開時二歳だった私はこの時、初めてこの名作を鑑賞して感銘したが、あまりにも観客動員が多かったためか、その後正式にリバイバル上映されることになった。

シネマ2（六階）は、エレベーターを降りると前にすぐ売店があり、その横の二、三段の階段を上がると劇場のドアがある一八二席の小さな劇場だった。

開場当初は特選名画劇場だったようだ。その後、洋画封切館となる。ピーター・セラーズの遺作『天才悪魔フー・マンチュー』（八〇）だとか、ピンク・パンサーシリーズの幾本かはここで見たような気がする。黒澤明が亡くなったおりには追悼上映も行っていた。『七人の侍』（五四）を見たが、やはりスクリーンが小さかった。

昭和五二（一九七七）年一二月一〇日に開場したシネマ3（四階）は、エレベーターを降りると前方に映画館の入り口がある。それまでの右側に売店があり、映画館内は細長く座席が続き、スクリーンも小さめであった。座席数は三六八席。東京の岩波ホールで上映されるようなフランス映画社配給といった作品の多くは当初ここで見た。

『天井桟敷の人々』（四五）、『旅芸人の記録』（七五）、『ブリキの太鼓』（七九）といった作品である。芸術的な映画を上映している劇場とのイメージがあった。

百又ビル（現・イースクエア茶屋町）の一階入り口左側に三館共通のチケット売り場があり、その後、それぞれの各階劇場入口でチケットをもぎってもらった。

平成一九（二〇〇七）年九月二四日閉館。


（「戸田学の雑学ノート」、『産経新聞』大阪版夕刊、二〇一七年五月二〇日）

東映封切り館

かつて大阪のキタとミナミには東映の大劇場があった。

キタは御堂筋に面した梅新に大阪東映会館が昭和三四（一九五九）年三月開場。一階は「梅田東映」（八五〇席）、二階が洋画大作の「梅田東映パラス」（七九一席）、六階も洋画上映の「梅田東映ホール」（のち梅田東映パラス2、二四〇席）、そして三階にはアニメショップ＝アニメポリス・ペロ（東映動画『長靴をはいた猫』［六九］の主人公ペロがキャラクター）、七階は中華四川料理「重慶飯店」があった。

一階正面向かって右側に会館への入口があり、すぐにエレベーターがある。映画館前は太い柱で支えられていたポーチ風な部分があり、柱のそれぞれに上映作品のポスターやスチール写真が貼られていた。一階正面は入場券売場に梅田東映の入口がある。

昭和五六（一九八一）年一二月二〇日、『セーラー服と機関銃』（八一）上映での主演女優・薬師丸ひろ子舞台挨拶に徹夜組を含めてファンが殺到。機動隊が出動して舞台挨拶が中止になったことがあった。

正面左に梅田東映パラスの入口があり、エスカレーターでそのまま劇場がある二階へと上がる。館内は縦に長い劇場だった。入口左横の東映プレイガイドでは映画パンフレットや映画チラシのビンテージものが売られていた。その売り場の真後ろのガラスケースには、邦画の台本が売られていたのか、飾られていたのかよく分からないが並んでいた。東映任侠映画もあったが、なぜか松竹の『男はつらいよ』シリーズの台本が多かった。

平成一四(二〇〇二)年四月二八日閉館。

ミナミは、道頓堀五座の朝日座跡地に昭和三〇(一九五五)年三月二八日に「道頓堀東映」(当初、大阪東映劇場、六六〇席)が開場。その後、地下に洋画封切りの「道頓堀東映パラス」(二八五席)も開場する。ここへは劇場正面右にある階段で地下へと降りた。こぢんまりとした映画館。正面には切符売場があり、その左横に東映の入口がある。中へ入って右側が売店、そしてロビーを奥へ進んでから何段かの階段を上がったら劇場扉がある。

伴淳三郎さんの追悼上映『飢餓海峡』(六五)を見に行った時には客席が初め私一人だけであった。

劇場のこけら落としには、市川右太衛門が来場したと聞いたが、平成一九(二〇〇七)年四月二〇日の閉館時には、ご子息の北大路欣也が舞台挨拶をした。司会は浜村淳だった。

私は「転生・道頓堀東映52年物語」と題した満員の記念上映で最後に『昭和残侠伝 死んで貰います』(七〇)を二階席で堪能した。この劇場は全共闘世代がオールナイト上映で東映任侠映画に殺到したという話は聞いているが、世代が違う。

(「戸田学の雑学ノート」、『産経新聞』大阪版夕刊、二〇一七年九月一五日)

松竹映画館

まずはミナミ地区にあった松竹映画の封切り館について記す。

道頓堀五座の一つ浪花座が戦後復活竣工したのは、昭和二一(一九四六)年一〇月一五日。当初はボードビル劇場として開場したが、翌年の七月一七日からは映画館になる。初めは東宝映画上映でその後は松竹映画封切り館となったらしい。

私が知った時代は恐らく二階席を仕切ってのSY洋画公開の「道頓堀ピカデリー」(のち浪花座2)と一階が松竹映画の封切り「松竹浪花座」に分かれていた。この地は曾我廼家喜劇発祥地であり、人形浄瑠璃竹本座の跡地でもあった。

正面右側に二館の映画館の切符売場があり、その左横の入り口は、右側が二階へ階段で上がる道頓堀ピカデリー、左側が松竹浪花座へと左右に分かれていた。

左側を真っ直ぐ進めば劇場への出入口の扉が並んでいた。『男はつらいよ』シリーズが松竹映画の定番だった時代、新作が三作溜まれば「寅さんまつり」という三本立てが上映されていた。ここは、昭和六二年元旦に、松竹芸能系の演芸場に変わった(のちに演芸場は二階劇場へと移動)。

右側の階段を上がると、当時の松竹系映画館では三角くじの抽選がよくあり、当たりと称して宝飾品を勧められたりした。

道頓堀ピカデリー時代は『風と共に去りぬ』（三九）、『十戒』（五六）のリバイバル公開や『激走！5000キロ』（七六）、『フリービーとビーン／大乱戦』（七四）上映の印象がある。平成一四（二〇〇二）年一月三一日閉館。

なんば南海通り、なんば花月の東並びには「千日前弥生座」があった。昭和三九（一九六四）年開場。

正面頭上には絵看板。右側は会場へ上がる階段。左側はポスターやスチールを飾るウィンドウがあった。一階はスーパーA&Pである。右側の階段を上がりすぐに左へと続く階段を上れば受付入り口。凹字型に広がる廊下。劇場内は三一五席の長いスロープ状の座席であった。基本は松竹映画の封切り館であったが、その後は、松竹洋画系映画館になった。

時折、「小津安二郎映画祭」や「美空ひばり映画祭」といった特殊上映会も組まれていた。平成一六（二〇〇四）年五月二八日に閉館した。

キタ区の松竹映画の封切館としての記憶は、泉の広場を上がった角に梅田松竹会館が開場したことだ。昭和五五（一九八〇）年三月一日にオープンした。一階にチケット売り場があってエレベーターでそれぞれの劇場の階へと上がる。

一〇階は「梅田ピカデリー1」、八階＝「梅田ピカデリー2」は洋画封切り、五階の「梅田ロキシー」は名画二本立て、三階が「梅田松竹」だった。

エレベーターを降りて右側へ行くと売店のカウンター、そしてその向かい側が劇場入口でロビーが奥へ続く、ロビー左側の階段を下りてゆくとトイレ、反対の右側に劇場自体へ入る扉があった。スクリーンへ向かってスロープ状になって座席が並んでいた。四つある劇場は座席数が違うとはいえ、だいたい同じような作りだった。
もっとも嬉しかったのは、当初、梅田ロキシーが新しい封切館での名画座になっていたことだ。『欲望という名の電車』(五一)&『波止場』(五四)、それに『エデンの東』(五五)&『理由なき反抗』(五五)、『ベニスに死す』(七一)&『地獄に堕ちた勇者ども』(六九)という名画座鉄板作品二本立てを見た記憶があるが、すぐに梅田ロキシーはただの封切館になってがっかりしたものだ。その後、劇場名も梅田ピカデリー1、2、3、4と番号順になった。平成二三(二〇一一)年一月一六日、四つの映画館は閉館した。

(「戸田学の雑学ノート」、『産経新聞』大阪版夕刊、二〇一七年一一月一八日)

日本映画発祥地——神港倶楽部

明治一九（一八九六）年一一月二五日から七日間、神戸花隈の神港倶楽部でエジソン発明のキネトスコープが公開された。まだ、スクリーンへ上映するという形ではない。箱ののぞき窓から見物する形式の活動写真であった。これがわが国の記念すべき映画初上映である。

映画評論家の淀川長治さんは、明治四二（一九〇九）年四月一〇日、神戸西柳原の生まれ。当然、この時の上映は見ていない。しかし、彼の両親は見物している。

和洋折衷の神港倶楽部は第二次世界大戦で焼失した。ちなみに花隈で育った昭和一〇（一九三五）年生まれの私の母は、戦前神港倶楽部に入ったことがあるらしい。私の知っている頃は跡地に川崎重工業健康保険組合保険会館があって「東郷井」という石碑が建っていた。東郷平八郎が滞在したという記念碑である。この石碑は一九三〇年に建碑されたという。

現在は「ザ・パークハウス 神戸元町」というマンションが建ち、「東郷井」石碑跡とのプレートが生垣の間に建つ。肝心の石碑は二〇一五年に近所の花隈公園内に移設された。

淀川さんはこの地に「日本映画発祥の地」という碑を建てたいと思っていた。

「ぼくは、神港倶楽部のあった前の道に立ってね、通ってる人に「あなた、ここはどういう場所だかご存じですか?」って訊いたのね、誰も知らないのね」

運動もした。昭和六二（一九八七）年、神戸港開港一二〇周記念として、神戸メリケンパークに「メリケン　シアター　明治29年（1896）年外国映画上陸第一歩」の碑が建つ。スクリーンサイズに切り取られた御影石からは、神戸港の景色が映画のように見え、その前の座席に模した石には、淀川さんが選んだ映画スターの名前が彫られた。

しかし、淀川さんは、私に言った。

「メリケンパークに碑が建ったんですね。でも、ぼくが本当に建てたかったのは、あそこじゃないのね。やっぱり神港倶楽部の場所に建てたかったのね。そのことは残念でした」

（「随想」、『神戸新聞』夕刊、二〇一四年一月八日）

ええとこええとこ聚楽館

大正二（一九一三）年八月一八日、神戸新開地に鉄筋三階、地下一階の本格的西洋建築の劇場「聚《しゅう》楽館《らくかん》」が開場した。建築様式から経営方法まで東京の帝国劇場（明治四四［一九一一］年三月一日開場）を模した。命名は豊臣秀吉建立の贅を尽くした「聚楽第」から取られた。

映画評論家の淀川長治さんは、私にいった。

「聚楽館というのは天下一品でした。神戸の文化の最先端だったのね。文化や芸術の。山の手の金持ちも、下町の庶民もみんな新開地へ来てね。本当の文化の噴水やね。聚楽館はそのもっともエリートでした。大正時代の聚楽館は日本の誇りです。ですから、よく覚えておいてくださいね」

場内は深紅のカーペットを敷き詰め、一五〇〇席すべて椅子式の冷暖房完備。

中庭には噴水があって、そこでアイスクリームやソーダ水が食された。

世界最高のロシアのバレエダンサー、アンナ・パヴロワやデニショーン舞踊団が公演した。完全西洋式舞台で花道がない。鼻の低い人のことを「あの人の鼻は聚楽館ね」といった。

その後は映画常設館となり、松竹に身売りされる。昭和九（一九三四）年一二月には、建物自体が改装され、四角ばった正面玄関は円形建築となり、受付も円形になった。

最上階にはスケートリンクができた。昭和一〇（一九三五）年生まれの母親の時代は、最新式のスケートリンクであったが、それが二〇年代生まれの従姉の頃には、階下の映画館で鑑賞していると、スケート場の水が漏れてきたらしい。

私たちの時代は『エクソシスト』（七三）、『タワーリング・インフェルノ』（七四）、『ジョーズ』（七五）等、松竹洋画系上映館として知られた。

私自身は『ヒンデンブルグ』（七五）をここで見た。だだっ広い劇場という印象がある。

（「随想」、『神戸新聞』夕刊、二〇一四年二月一〇日）

『エクソシスト』のチラシ

「聚楽館」スタンプ

元町の名画座「元映」

子どもの頃の神戸元町商店街の思い出は、よく西洋人が歩いていたことや三越百貨店があったこと、それに元町二丁目にあった名画座「元映」が印象深い。

元映は一九五六年一〇月、『空中ブランコ』（五六）、『忘れえぬ慕情』（五六）で開場した。現在のジェムビル（一九八〇年八月竣工）が出来るまであった。一階は元町東映会館。

建物の左側に東映の出入口に切符売場、そして中央の奥の壁だったかに、映画のポスターやスチール写真が貼ってあるガラスケースがあった。日産興業の運営。

正面上方には、元町東映と元映で上映されている作品の絵看板が半分ずつに仕切られて飾られていた。

私は元町東映（二五〇席）へは入ったことはない。ただ興味のあった、高倉健が犯人を演じた『新幹線大爆破』（七五）の写真やポスターは何度も眺めていた記憶がある。

東映の入口反対側の右側には、階上にある元映へゆく階段があった。そこを上るとじきに踊り場になり、またある階段をさらに上がると、元映の受付ロビーだったと記憶している。

館内は、間口九ｍ、奥行五五ｍの平土間椅子席、後方は階段状の椅子席だった細長い劇場。そのため映写機のレンズは特別注文とか。当初四〇〇席あったが、一九七三年の大改装で二五六席になった。

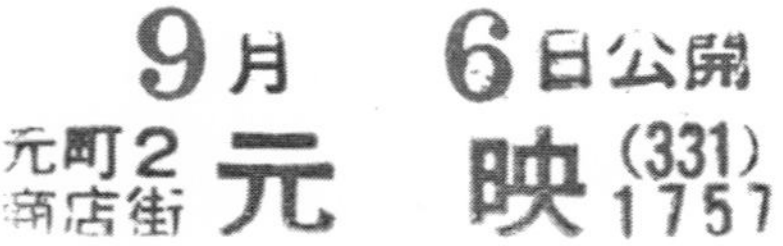

「元映」スタンプ

『新幹線大爆破』チラシの「元町東映」スタンプ

「元町東映」スタンプ

私が知るのはこの時代だ。

元映は三本立ての低料金名画座。たとえば、『タワーリング・インフェルノ』（七四）のような長い映画の場合は、同じＣＩＣ配給の『バニシングin'60』（七四）と二本立てになっていた。受付横だったかに木箱が並んでいてそこに新品の旧作パンフレットが縦に並べて売っていた。私はここで貴重な『理由なき反抗』の初公開版を購入した。

その後、元町東映は元映と同じく洋画の名画座になり、しばらくして劇場は潰れてしまい、とても残念だった。

「ビバ！チャップリン」シリーズ、『ザッツ・エンタテイメント』（七四）等、作品を無差別に組み合わせて上映していた元映は、本当の名画座だった。

先日、大森一樹監督が16㎜で撮った『暗くなるまで待てない』（七五）を見ていると、冒頭で元町一丁目からの商店街をヒロインの女の子が歩いて行くシーンがあって、元映の外観も映っていた。当時、この映画のキャメラマンだったのが、映画評論家の高橋聰さん。その高橋さんに「元映が映っている動画は初めて見ました」と興奮ぎみに言ってみたところ、高橋さん自身は「はあ？」という感じで憶えていなかった。

（「随想」、『神戸新聞』夕刊、二〇一四年二月二六日）

新聞会館大劇場、ビック映劇

神戸の国鉄三宮駅ホーム側の神戸新聞会館の北壁は、タイルで描かれた富士山で電光表示の時計があった。

新聞会館大劇場は、とにかく大きな映画館であった。

ロビーにあった巨大円柱の周りの机には、ゴム印で「新聞会館大劇場」と押された映画チラシが置かれていた。

このビルには七階にもスカイシネマがあった。場内がスロープ状になっていて入口から見るとスクリーンが奥にある印象。

『ロリーポップ』(七五)、『マイ・ウェイ』(七五)といった大阪のミナミでいう南街シネマでかかるような東宝系の良心的な映画を上映していた。

新聞会館の道路を隔てた南側の住宅ビルの地下に名画座「ビック映劇」があった。

屋上にはリプトン紅茶の大きな看板があり、ティーカップにティーバッグをつけている指が上下に動くという仕掛けになっていた。子ども時代にはこの前を車で通るのが楽しみであった。

一階入口上に「ビック映劇」の看板。ガラスドアだったかを入ると、地下に向かってゆるやかなスロープ状の通路になっていた。つきあたりを折り返し、劇場の出入口、ロビーに着く。

洋画の低料金二本立ての名画座。一階からのスロープ状通路の下あたりに、長机があって上映リクエストをリストから選んで投票する箱が置かれていたように思う。

私の友人で今でも東山商店街で化粧品店を営む宮本雅之クンは、子ども時代、友人と連れ立って何枚もの投票を、筆跡を変えて組織投票（?）していたらしい。そしてその映画が数ヵ月後にはビック映劇でかかったという。

劇場内に入ると、床もスロープ状になった見やすい座席だった。


（「随想」、『神戸新聞』夕刊、二〇一四年三月一三日）

「新聞会館大劇場」スタンプ

「スカイシネマ」スタンプ

阪急会館

初めて年下と連れだって見た映画は『チャップリンのキッド』（一九二一）。小学五年生のことであった。

場所は、神戸三宮・阪急会館内の阪急シネマである。

映画評論家の淀川長治さんと神戸の話で盛り上がっている時に「『キッド』を子どもだけで初めて見たのは神戸の映画館でした」と言うと「あんたもやっぱり（新開地の）錦座で見たんか？」と尋ねられた。

錦座は、淀川さんが通った大正時代の映画館であった。

阪急三宮駅に隣接する東宝系の阪急会館は、よく電車の音がガタゴトと響いた。

一階に大きなガラスケースがあり、阪急会館、阪急シネマ、阪急文化という会館内三館で上映される映画のポスターやプレス写真が貼り出されていた。ここではブラウン管に予告篇を映し出していた時代もあった。

日本ヘラルド配給『合衆国最後の日』（七七）の予告は何度も見た。ガラスケースが位置する裏側には長いエスカレーターがあり、これは大劇場である阪急会館専用であった。『軍用列車』（七五）やセンサラウンド方式の音響が響き渡った『大地震』（七四）やサーカム・サウンドの『サスペリア』

（七七）といった大作が上映されていた。

くだんのガラスケースの左側にはエレベーター乗り場があった。阪急シネマ、阪急文化へ行くにはこのエレベーターに乗る。

阪急文化は低料金一本立ての名画座で小さな劇場。阪急シネマは、大阪ミナミでいうところの南街スカラ座で上映されるような洋画をかけていた。ハイカラだった。

三宮駅高架下には、東宝系洋画の三映、東宝映画を上映する三劇が並んでいた。

私は、三映しか知らないが、西側に客席がフラットに広がっている映画館だったと記憶している。

（「随想」、『神戸新聞』夕刊、二〇一四年三月三一日）

『チャップリンのキッド』のチラシと阪急シネマのスタンプ。筆者が見た時のもの。

「阪急会館」のスタンプ

「三映」のスタンプ

映画館補追

ここまでは、私が幼少期から学生時代——一九七〇年代—八〇年代頃の関西の映画館について個々に記してきたが、この項ではそれら以外の映画館の印象を書いてゆきたい。

新世界——は、通天閣の周辺に広がる歓楽街であるが、隣接する西成区のあいりん地区からの仕事にあぶれた労務者であふれていたので、現在とは違って子どもにとっては怖い場所でもあった。

シネマ温劇は、商店街「ジャンジャン町」を通天閣側から入ってすぐ左側にあった。ここは、洋画三本立て。二、三段の階段を上がってガラス扉があって受付だったと思う。左手に階段があり二階席へゆける。シネマ温劇の一階席は、通路より座席の台座が高くなっていた。隣りには成人映画の温泉映劇、建物の向かいには松竹芸能直営の演芸場・新花月があった。ここは、客席から舞台の芸人にヤジが飛ぶことでも知られている。それ以前、遥か昔は温泉演芸場といった。

シネマ温劇で特に覚えているのは『駅馬車』(三九)をわざわざ見に行ったことだ。『奴らを高く吊るせ』(六八)も見たかな。要は、当時はあまりかかりにくくなっていた西部劇なども好んで上映していた。ここでは見なかったが、『アラモ』(六〇)や『続・夕陽のガンマン 地獄の決斗』(六六)等も上映していた。

シネマ温劇は、何度か行ったが他に何を見たのかほとんど覚えていない。子どもにはここで三本立てすべてを通しで見る勇気がなく、たいていお目当ての映画一本だけで帰った。朝イチの映画は「途中上映」といって途中から始まった。何の意味があるのか。教えてくれる人があって、前日の最終のプリントをそのまま上映しているだけだと言った。

新世界国際は、現在も上映している。天王寺動物園と道路を隔てたぐらいに位置する。洋画三本立てで、ビルの地下にある新世界国際地下も同じく当時は洋画三本立てだった。洋館建てのこの映画館の特徴は、大正頃の映画館と同じくトイレがロビーではなく、劇場内にあることだ。そして上映中のポスターなども販売していた。

劇場正面の絵看板は現在も続けられていて、コロナ禍で劇場が休館した際には、その絵看板にコロナ禍撲滅のための架空映画の絵看板が掲げられ話題になった。

現在も上映している新世界東映と新世界日劇会館は、ビルの同じフロアーにあった。日劇会館では『男はつらいよ 寅次郎かもめ歌』（八〇）など見逃していた作品を見に行ったことがある。東映では『沓掛時次郎 遊侠一匹』（六六）、『かあちゃんと11人の子ども』（六六）を見た。渥美清の追悼上映だった。

新世界公楽座は、新世界の中ほどにある道頓堀の松竹座のような立派な洋館だったが、私はここへは入っていない。この劇場へ一年間通ったらたいていの邦画の名作は見られると教えられた。

新世界やジャンジャン町を抜けて道路を隔てた飛田地区の劇場では、大阪の中央の繁華街の名画座ではかからない昔の名画やマカロニウエスタンなどが上映されることがある。

トビタシネマ、トビタ東映は、阪神高速道路沿いにある隣合わせの劇場。ここでは見逃していた『合衆国最後の日』（七七）を見た思い出がある。

近所にはトビタOS劇場もあったが、ここには入ったことがない。『真昼の用心棒』（六六）などが上映されていてびっくりしたものだ。中学二年の頃。

後年一九九七年七月に都市型遊園地フェスティバルゲートが出来、その七階に動物園前シネフェスタという四館ある、シネコンの走りのような劇場も出来た。

フェスティバルゲートは、ビルの側面や館内をジェットコースターが走っていた画期的な施設だったが、施設周辺を徐行運転させた方が女の子たちにとってはよっぽど「怖い」のではないかと思ったりしたものだ。この劇場では三船敏郎や黒澤明の追悼映画祭もあったが、新作『助太刀屋助六』（〇二）に合わせて「岡本喜八映画祭」が開催され、監督自身が来館して、『日本のいちばん長い日』（六七）、『江分利満氏の優雅な生活』（六三）、『肉弾』（六八）などが上映されたが、東宝としては監督に最新作の話をして欲しいのに、岡本喜八本人はこれから上映される旧作の話を嬉しそうに語った。映画監督とはそういうものなのだなと納得した。その後、新藤兼人監督も九条のシネ・ヌーヴォで同じような反応をしていた。

『コヨーテ・アグリー』（二〇〇〇）の初日の一回目を見に行ったら、フィルムがレンズにくっついた画面になって、やがてフィルムが燃え出して、びっくりしたことがある。

近隣のアベノでは、現在のアポロシネマの前身アポログリーン、アポロローズでも映画を見た。現在シネコンになっている劇場で、そのアポロビルの裏手の商店街のビルの地下にはあべの名画座があった。

大阪の北区には、現在ナビオ阪急になっている場所の北野劇場が有名だった。このビルにはほかにも、梅田スカラ座、梅田劇場、梅田地下劇場、ＡＴＧ系の北野シネマも併設。私は堺市に住んでいたので、ほとんど映画はミナミで見ていて、この劇場ではさよなら公演の時に梅田スカラ座へ入ったのみ。浜村淳さんの司会で『モダンタイムス』（三六）を満員の客席で見た。笑いがボンという爆発音になったのは、この時と、桂枝雀の落語以外には私は知らない。一九八〇年一〇月二四日にナビオ阪急内に梅田劇場、北野劇場、梅田スカラ座として再オープン。作品は梅田劇場が『将軍』（八〇）、北野劇場は『レイズ・ザ・タイタニック』（八〇）を全世界で最初に一週間だけ上映し、その後は『テス』（七九）、そして梅田スカラ座は『アーバン・カウボーイ』（八〇）を公開した。劇場オープン前にビルに掲げられている看板を見て、わくわくしたものだ。今はその三劇場はＴＯＨＯシネマズ梅田に組み入れられている。

北野劇場に隣接した梅田コマ劇場の劇場正面入口左側にあったミニ映画館が梅田コマ・シルバーだった。縦に細長く座席が並ぶスクリーンが小さな劇場で、私はリニューアルされて綺麗になって初めてここで『昼下りの情事』（五七）を見た。ＶＨＳでの映画ソフトを各社が販売しだした時期にそれ

「動物園前シネフェスタ」のチラシ

「梅田コマ・シルバー」のチラシ

らのかつての名画『雨に唄えば』(五二)とか『お熱いのがお好き』(五九)といった映画をシリーズで上映していた。その梅田コマ劇場の地下にあったのが、梅田コマ・ゴールド。この劇場は中ぐらいの劇場で、フレッド・アステアとジンジャー・ロジャーズのRKO映画の映画祭を見た。パンフレットに立川談志が「志ん生とアステア」という原稿を寄せていた。

お初天神通り吉本興業の演芸場うめだ花月の地下にあったのが梅田グランドで、ここは緩やかなスロープ状の座席の奥にスクリーンがあるという風情。当初は、演芸場と映画館は一階と地下が逆だった。劇場版『スター・トレック』(七九)はこの劇場で見た。

現在のTOHOシネマズ梅田の別館は、その昔、ニューOS劇場といった。シネラマOS劇場があったからだ。その後、シネラマ劇場がなくなって、OS劇場という名称になった。その後、二階席を改装したのか、もう一つ上に劇場が出来た。

北浜の三越百貨店の八階にあったのが、三越劇場。ここは高級感あふれる劇場で、深紅の絨毯がロビーに敷き詰められ、クロークもあった。壁面はレリーフ上になっていて、東京日本橋の三越劇場の縮小版といった感じ。二階席はなくワンフロワーでほとんどスロープがない客席で、映画の場合は前の観客の頭が邪魔になったりもした。

東京・岩波ホール系の上映作品が多く、ルキノ・ビスコンティやルイ・マルの映画、時には『バルカン超特急』(三八)、『第三逃亡者』(三七)、『逃走迷路』(四二)といった水野晴郎さんのインターナショナル・プロモーション配給で日本未公開だったヒッチコック映画の上映もあった。といっても本来映画館ではなく、劇場で、私は「宇野重吉一座」の公演をここで見たが、当日、当時は芸能リポーターをしていた剛たつひとさん(日本テレビの『飛び出せ!青春』の生徒片桐役が知られている)が来ていて、どうしてかなと思っていたが、宇野さんが前日にガンを告白していたからだと後で知った。大阪での宇野重吉さんの芝居は結局この時が最後になった。三越劇場の同じ階の奥には、特別食堂があった。

天神橋六丁目にあったのが、一階の天六ユウラク座と五階のコクサイ劇場。この二つの映画館にも入ったことがある。地下には成人映画の上映館もあったらしい。ここは連日オールナイトだった。大阪の中央では未公開だったジェニファー・アニストンのラブコメとかを見た。

黒澤映画等で見ていない作品を学生時代に方々に追いかけて見に行っていた。尼崎東宝は、阪神尼崎駅から徒歩五分程、神田新道にあったらしい。閉館は一九九四年四月一〇日、出入口入ってすぐにロビーがあり、そのすぐ奥の扉の向こうが座席という普通の劇場だったと記憶する。『どですかでん』（七〇）を『椿三十郎』（六二）との二本立てで見た。

存在は知っていたが、千里中央駅の複合商業施設千里セルシー地下一階のパチンコ屋の前にあった劇場が千里セルシーシアターであった。劇場正面左側のガラスのショーケース内に映画ポスターを貼っていた。その横手が切符売り場。右側がガラス扉の入り口で受付があったか。劇場扉は廊下左側。劇場内は階段状に座席が九〇席。見やすい小ぶりな劇場だった。私は後半の二〇〇三年五月一七日—六月一六日に上映されていた「祝 卒寿記念 銀幕の天才 森繁久彌映画祭」で『猫と庄造と二人のをんな』（五六）を見た記憶がある。劇場自体は、一九七二年一一月一五日—二〇一四年八月三一日に存在した。ちょっと天王寺ステーションシネマみたいな劇場だった。

ちなみに「森繁久彌映画祭」は、東京・新文芸坐の開催上映作（四二本）からの幾本かの抜粋。偶然に観ることが叶った新文芸坐の初日（二〇〇三年四月二六日）では、受付机の上に「祝　森繁久彌映画祭　森繁久彌」という花籠が置かれていた。この日は『夫婦善哉』（五五）、『花のれん』（五九）の上映に久世光彦さんの講演があった。

伊丹グリーン劇場、伊丹ローズ劇場のどちらかにも未見の映画を求めて訪ねたと記憶する。阪急伊丹駅に近い商店街の入ってすぐの左側。その裏手に名著『船場ものがたり』の著者で劇作家の香村菊雄先生が住んでおられて、周辺を案内された時に「すぐそばに映画館があるので、梅田まで出なくてもたいていの映画はここで見られる」と喜んでいた。近所のお店の方が香村先生を見つけると「先生、こんにちは」と声をかけ、香村先生はハンチング帽にステッキという紳士然とした雰囲気で「こんにちは」とフフッと笑っておられた。地元の名士なんだなあとその時に思った。

京都へも学生時代に通っていたことがあったが、映画館へはそんなに足を運んでいない。黒澤映画ということでは『生きる』(五二)と『隠し砦の三悪人』(五八)を初めて見たのが、宮本武蔵の有名な一条寺下り松の決斗があったとされる市バス「一条寺下り松町」を下車、京福電車の踏切を越えたところにあった有名な京一会館だ。ここはスーパーマーケットだかの建物右側にある階段を上がってゆく。フロアーに広がる右手に売店があり、ポスターなども売っていて、私はこの時、『用心棒』(六〇)のポスターを買った憶えがある。その奥に扉があり、劇場の右側面の場所にスクリーンが位置したと記憶する。ここは、成人映画、洋画、邦画というデタラメ(まあ、計画的?)に組み合わされた三本立て名画座だった。私が唯一見に行った二本は長篇だったので、二本立てだったのだろう。

四条河原町では、一階にのちに倒産した書店「駸々堂」が入っていた京都宝塚劇場、京都スカラ座があった。駸々堂は三階ぐらいまであったか。映画の上映時間まで本を眺めて時間つぶしをした覚えがある。そして周辺の少し人通りが少なく新京極へ向かう側面に京極東宝もあった。ここへは入ったような気もする。

京都では、現在は吉本興業の演芸場になってしまった祇園会館。この劇場は三本立て洋画の名画座だった。京都国際映画祭のメイン会場にも使われ、映画よりも沢島忠監督に会いに行ったり、田村高廣さんの「生誕100年 父阪東妻三郎を語る」といった講演会を聴きに行った思い出がある。「父が亡くなってだいぶ経つのに、こんなにお客さんが来て下さって父も驚いていると思います」と語っていたのが印象的だった。のちに弟の田村亮さんにお会いした時にこの時のお話をした。「兄はどんな話をしていました?」。

神戸の映画館で書き漏らしているとすれば、まずは三宮神社近くにあった洋館建ての神戸朝日会館。ここは当初は東宝系のロードショー封切り館で、大阪ミナミでいう南街シネマ系の例えば『続ラブバック』(七四)なんかを上映していたが、その後、松竹富士系列になって、『風と共に去りぬ』(三九)を見た。現在DVDやBlu-rayでの映像のようにタイトルが流れて出てくるようなものではなく「GONE WITH THE WIND」とそのまま出てくるバージョンだった。流れて出てくるタイトルを初めて見たのは解説の水野晴郎さんがそのバージョンにこだわって放送した日本テレビ「水曜ロードショー」での初放送時だった。クラーク・ゲーブルが近藤洋介、ヴィヴィアン・リーの栗原小巻の吹替はとどめを刺す。栗原さんはヴィヴィアン・リーに声を似せ違和感がない。アシュレー役のレスリー・ハワードなんて、「水曜ロードショー」お得意の滝田裕介だった。滝田は『ジョーズ』(七四)初放送でも主役のロイ・シャイダーの警察署長を担当した。

幼稚園へ上がる以前に母親と従姉に連れられて、ディスニーの『クマのプーさん』を見に行ったのは、神戸朝日会館だったのかも知れない。

神戸国際会館の地下にあったのが神戸国際松竹と神戸国際にっかつ。国際にっかつは山本薩夫監督の『戦争と人間』（七〇―七三）シリーズの劇場前のガラスケースでポスターや写真を見た記憶しかないが、国際松竹は、もっとあとに『男はつらいよ 寅次郎わが道をゆく』（七八）を見た。併映の『俺は田舎のプレスリー』（七八）は後半だけを見たような記憶がある。

神戸新聞会館の裏にあった新アサヒ映画劇場では、見ていなかった『燃えよドラゴン』（七三）のリバイバルを『ドクサベージの大冒険』（七五）の二本立てで見た。体育館のような映画館は、のちに火災になり、その後建て替わったと思う。

三宮センター街に出来たのが三宮東映プラザ、三宮東映だった。私は東映プラザで洋画を見た記憶はあるが、何を見たのやら？

さて、生まれ育ったのは大阪府堺市。堺東の銀座通り商店街には堺東宝シネマがあって、東宝チャ

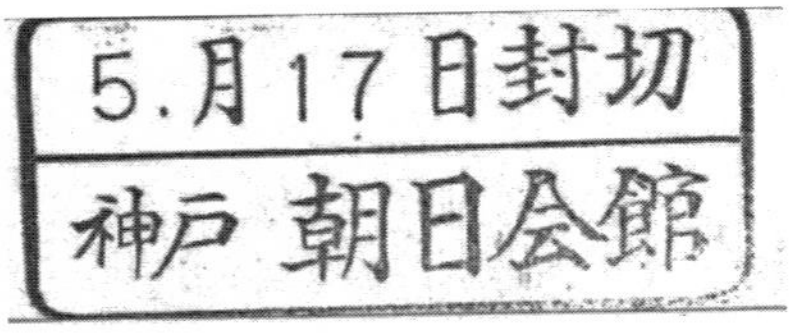

「神戸朝日会館」のスタンプ

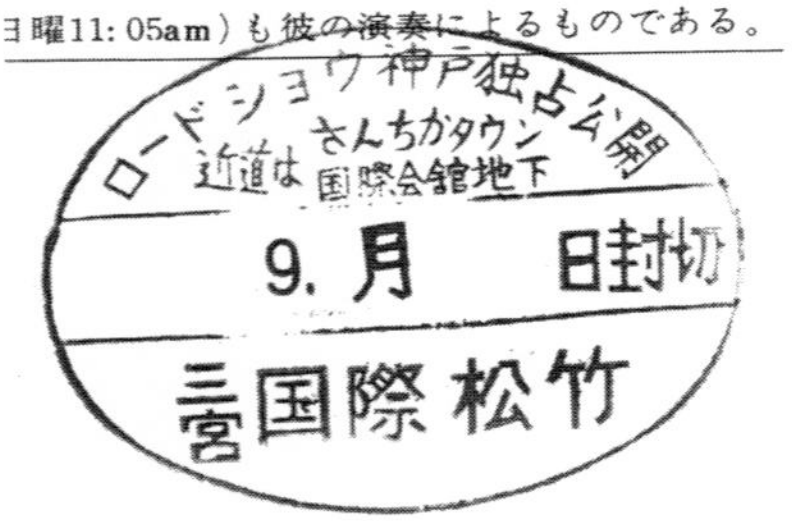

「国際松竹」のスタンプ

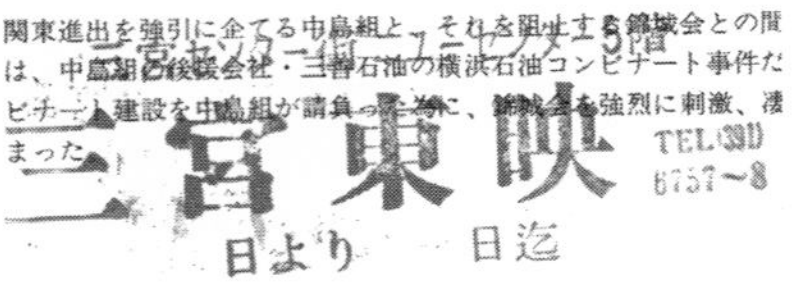

「三宮東映」のスタンプ

「三劇」スタンプ

ンピョンまつりで『ゴジラ対ヘドラ』（七一）などを上映していたが、私はその通りを一本奥に入った大映の映画館（名前は知らない）で父方の祖母に連れられ『ガメラ対ジグラ』（七一）を見た。『妖怪大戦争』（六八）みたいな油すましが出てくる映画が併映でこちらは全部は見ていない。

堺東宝シネマはその後複合ビルになって、堺東宝と堺シネマになった。堺シネマでは同じく父方の祖母と弟と「ビバ！　チャップリン」としての再公開時に『チャップリンのサーカス』（二九）、『チャップリンの兵隊さん（担へ銃）』（一八）を見ている。堺東宝では閉館間際（二〇〇四年一月一六日閉館）に『七人の侍』（五四）や『用心棒』（六一）を見たが、『七人の侍』の時にスクリーンサイズが間違っていて、上下が切れていて閉口した。

堺東銀座通り商店街西側端の方に中学一年生の時に、堺東銀座東映、堺東銀座プラザ、堺東銀座パラスという新しい映画館が出来た。それ以前の東映封切館は知らない。当時、大ヒットした『宇宙戦艦ヤマト』（七七）は、三館全部で上映した。プリントが一つしかなかったのか、一巻上映が終わると二〇分ぐらい待たされた。初めてここで友人とオールナイトで見たのが『マッドマックス』（七九）だった。

小学生低学年の頃には、南海高野線堺駅付近や宿院、大寺神社、安井町あたりにも映画館が点在したが、多くは成人映画封切りになっていた。宿院劇場なんて、建物は素敵だった。堺市民会館近くには私が知ったころには建物だけだったが中央劇場という映画館跡があって、祖母によればかつてここで『風と共に去りぬ』を見たそうだ。

思いついたままをつづった。

（書き下ろし）

神戸花隈

私は、一九六〇年代後半―七〇年代前半の幼少期や小学生時代、学校の長期休暇期間には母親の実家のあった神戸花隈に長く逗留していた。

花隈は花街。置屋もあった。祖父は、芸妓相手の小さな化粧品店を営んでいた、昔は知らなかったが置屋も兼ねていた、という。

映画評論家の淀川長治さんは、同じく花街である西柳原の置屋の跡取り。その淀川さんに言われた。

「あんたとこの花隈が出来て、ぼくのところの西柳原がダメになったのよ（笑）」

幼い頃の花隈城は石垣のみの荒れ野で、昭和三（一九二八）年二月に建てられた「花隈城址」というひび割れた円柱だけが目立った。

昭和四四（一九六九）年三月、地下駐車場を備えた「花隈公園」が完成。黒い円形石の噴水やトンネル付きの砂場もあり、子どもたちの憩いの場となった。

ところがここで連続殺人事件が発生し、犯人のモンタジュー写真が方々に張り巡らされ、子どもたちにとって、しばらく行ってはいけない場所となった。

元神港倶楽部東筋向かいの「治作」という大きな料亭も想い出深い。「つきじ治作」の支店。門をくぐると巨大な「吃驚土瓶」の置物があって、母屋まで石畳が続いていた。庭園は木々が欝蒼としていたように思う。

私は門を入って左にあった別館に入った記憶しかない。池があり、鯉が泳いでいたようにも思う。「柳川鍋」が有名であった。遥か昔である。

のちに「治作」の跡地はマンションが建ち、庭園内にあった百日紅の木は、縁があって大阪堺の私の家の庭に移植された。その家も今はない。

淀川さんに花隈の「治作」のことを訊ねると「もちろん知ってますよ」と即答であった。

（「随想」、『神戸新聞』夕刊、二〇一四年一月二四日）

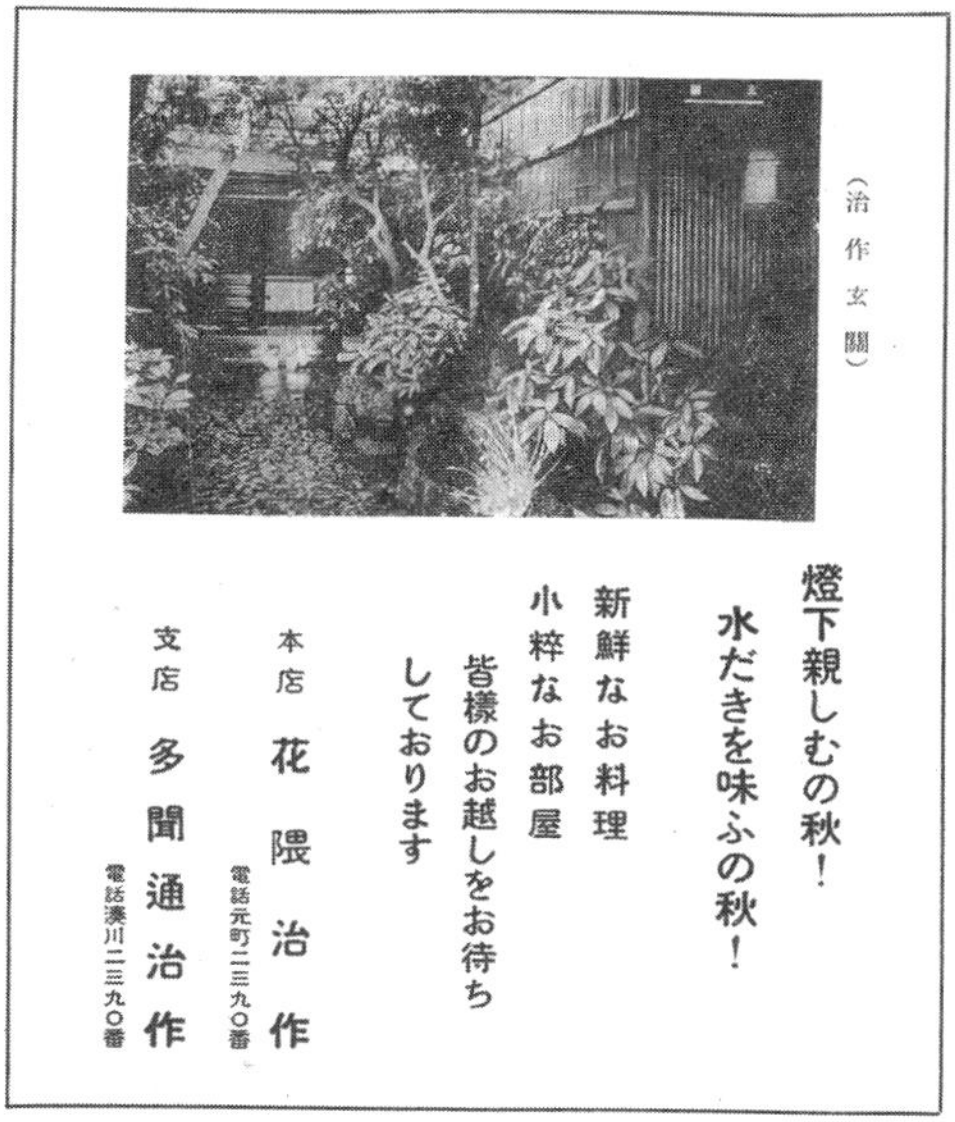
（治作玄關）
燈下親しむの秋！
水だきを味ふの秋！
新鮮なお料理
小粋なお部屋
皆樣のお越しをお待ちしております
本店 花隈治作
電話元町二三九〇番
支店 多聞通治作
電話湊川二三九〇番
「花隈治作」広告
（『ダンセ花隈』第２号、昭和９年10月）

上方落語『淀川』

上方落語に『淀川』という演目がある。

九〇歳まで現役だった神戸の噺家・橘ノ円都さんの持ちネタであった。門下の橘家円三さんに伝承。桂ざこばさんも手がけていた時期がある。

そのざこばさんの師匠である人間国宝の桂米朝さんがある時に言った。

「落語の『淀川』というのは、映画評論家の淀川長治さんの実家の話なんや！」

淀川さんの実家は、神戸・西柳原でそれなりの料理屋兼芸者置屋を営んでいた。屋号は「淀川屋」。さもありなんである。

この落語のことを当の淀川さんに話したことがある。

「先生、『淀川』という大阪の落語を知ってはりますか？」

「ぼくは知らないなあ。どんな落語なの？」

私は『淀川』のあらすじをお話しした。

大阪・新町橋の料理屋「淀川」（実在した）の前を老僧が通りかかる。折しも鯉が捌かれようとしているところ。「殺生はいかぬ」とその老僧、鯉を買受け、新町橋から放してやる。「南無阿弥陀仏、ええ功徳をした」。次の日は、鰻でまた同じことをする。時化《しけ》で店へ魚が入ってこない日。「あの老僧、生きたものならなんでも買うてくれる」と、赤ん坊をまな板の上へ。老僧、赤ん坊を買い取り、新町橋の上から川へ投げ入れ、「南無阿弥陀仏……」。

それを聞いて淀川さんは言った。

「おもしろい話やね。けどそれはぼくの家のことやないね。うちは神戸やからな」

この話を私が米朝さんに言うと、「お前《ま》はん、それホンマに淀川さんに言うたんかい？　いや、わしもな、それは円都師匠から聞いただけの話やさかいな。そうかあ……」

博覧強記の米朝さんでも間違うことがあるんだなと思った次第。

（「随想」、『神戸新聞』夕刊、二〇一四年四月一五日）

淀川長治さんという文化

淀川長治さんが、もし、神戸に生まれなかったならば、おそらく日本は淀川長治という文化をもつことはなかったであろう。このひとの存在自体が文化であった。

淀川長治さんが亡くなった平成一〇（一九九八）年は、九月六日にも私たちは黒澤明監督を失っている。その時に思ったことは、作る側の天才と見る側の天才（もちろん努力があったうえでの天才）がお互い無名時代から五〇年以上も親友であり続けたという奇跡、これは不思議というほかないであろう。しかも二人の残した仕事は世界的な水準である。蛇足であるが、年末（一二月三〇日）には黒澤監督と並び称された名匠・木下惠介監督が亡くなっている。〝これで日本映画が終わった〟といった感だ。

淀川長治さんは明治四二（一九〇九）年四月一〇日に神戸の色町である西柳原の置屋の長男としてこの世に生を享けた。淀川さんが生涯愛した母・りゅうが産気づいたのは新開地の映画館であった。神戸の置屋の息子であったということ、それに戦前の文化都市・神戸新開地の目と鼻の先で生まれ育ったということが、のちの淀川文化を育てる土壌となった。幼い淀川さんの通った映画館では邦題の横に原題が表示され、彼の両親は映画ばかりでなく、淀川さんに歌舞伎、文楽、バレエとあらゆる文化にも自然と開眼させる環境を与えた。

淀川長治さんのすごさを簡単に言うと、まず文筆家として一流であったということ。私はこの部分を一番評価したいのであるが、独特の名文で、話術とはまた違ったリズムがあり、それは膨大な知識に裏づけされた言葉の旋律であった。

そしてご存知の、話術家としての一流さ。それは『ラミー牧場』や「日曜洋画劇場」といった解説ではない、映画をまるごと一本映像的に語れるすごさを特に強調したい。これは記憶力のすごさでもある。淀川さんの話芸のみで、『葛飾砂子』(一九二〇)や溝口健二監督の『狂恋の女師匠』(一九二六)といった、すでにフィルムが失われている戦前の名作を多くの人々の心のスクリーンに焼きつけることが出来たのは、このひとのみに神が与えた能力であった。そして、その話術はいかにも戦前の神戸育ちのモダニズム、上品さが神戸訛りの関西弁に兼ね備えられていた。

もうひとつは偉大な観賞者であったこと。これはこのひとの肩書きにある映画評論家という意味あいだけでは説明できないものがあり、淀川さんご自身は〈映画の伝道師〉といったのであるが、このひとがよいといったものは「いい映画」であったという〈基準〉、それを失ったということは今後、日本の映画界、日本文化の世界ではとても大きな損失ではなかったであろうか。昭和二三(一九四八)年から始めた「映画の友の会」は平成五(一九九三)年まで五〇年近く続けられ、そこから育った教え子たちが文化の第一線で活躍していることを考えると、教育者として果たした功績も大きい。

阪神・淡路大震災(平成七[一九九五]年)以降、諸事情があって生まれ故郷の神戸には足を運べなかった淀川さんはそれをとても気にされていた。

「ぼくはね、神戸に見舞いに行こうと思ったけど行けなかった。だから皆にも嫌がられてると思うの。恨んでると思うの。だいぶん誤解されていると思うの。「淀川さん冷たいな」と」。

そうおっしゃった淀川さんであるが神戸の人々は恨むどころか、淀川長治さんが神戸の出身であったということを誇りにしている。

私事では、「あんたのことは覚えてますとも。また会おな」と言って頂いただけにショックであった。もちろんお年に不足はない。私には淀川さんがチャップリンと会ったのと同じように淀川さんにお会いしたのが生涯の事件であった。

平成一〇年一一月一一日死去、享年・八九。

（『上方芸能』第一三二号、一九九九年五月一〇日）

松竹大作映画の系譜を継ぐ『ソロモンの偽証』

日本映画には、かつて東宝、東映、松竹、大映、日活と各映画会社特有の映像の彩りがあった。それは時に照明やモノクロ、カラーといった映像のトーンであり、俳優陣や物語の構成で映像を一目見るだけでどの映画会社の作品かが分かったものである。

松竹という映画会社には、松竹蒲田調~大船調というホームドラマの系列があり、島津保次郎から小津安二郎、木下惠介、山田洋次と脈々と続く。さらには、松竹映画の大作というものがあった。七〇年代の野村芳太郎監督の『砂の器』(七四)、『八つ墓村』(七七)、『事件』(七八)、山本薩夫監督の『皇帝のいない八月』(七八)などが思い出される。

宮部みゆき原作の『ソロモンの偽証　前篇・事件』、『後篇・裁判』の二部作は、松竹大作映画の伝統を堂々と受け継いだ作品だと思った。

中学二年生の藤野涼子は大雪が降ったクリスマスの朝、友人と共に校庭で雪に埋もれた同級生・柏木卓也の死体を発見する。警察の捜査によって彼は自殺と断定されるが、数日後、学校、担任教師、それに彼女に、彼の死は学校の問題児らによる他殺であるとの告発文が届く——。

文庫版六冊の長篇ミステリーの映画化だけにこれ以上の物語は紹介できないが、成島出監督の前作『ふしぎな岬の物語』(一四)とは打って変った緻密で完成度の高い演出は特筆もの。役柄と同じ芸名でデビューした主人公の藤野涼子は、透明感と声の良さ、その演技力で将来が楽しみな逸材である。

その他の生徒役の芝居もいい。周囲の大人たちも尾野真千子、永作博美、小日向文世といった演技派が固める。

前篇最後にある後篇予告でも役者の大層な演技を次々に映し出し、コピーが入るという松竹大作映画の伝統的な手法で制作されていて妙に懐かしかった。

後篇は生徒たちによる学校内裁判が開かれるが、目撃者として出廷する津川雅彦などは『事件』で同じく証人として出廷する森繁久彌や、『疑惑』(八二)で出廷する三木のり平、山田五十鈴といった名優の出演を思い出す。あるいは『砂の器』の笠智衆、渥美清のような印象が残る観客へのサービス的な役柄だ。

裁判シーンになってからは少し演出が単調になる部分もあるが、一貫して生徒に扮した俳優たちの目の輝きが素晴らしい。前後篇約四時間半の堂々たる大作だ。

(「戸田学の雑学ノート」、『産経新聞』大阪版夕刊、二〇一五年三月二八日)

パヴロワとロパートキナ

デイヴィッド・ロビンソン著『チャップリン』（文藝春秋）は、上下巻に及ぶ大著だ。原題は「CHAPLIN His Life and Art」といい、文字通り彼の生涯とその芸術を追った作品で評伝とはかくありたい名著である。

チャーリー・チャップリンは、物真似も上手かった。ある時、世界最高のバレエダンサーであるヴァーツラフ・ニジンスキーやアンナ・パヴロワの真似をしたが、その物真似があまりにも優雅で上手く、見物者が「笑うべきか、黙って嘆賞すべきか」迷ったらしい。

そのニジンスキーからは「あなたの喜劇はまるでバレエだ」と言われた、チャップリンは、交流のあったパヴロワの芸術を深く愛した。

〈彼女の芸というのは、華麗さの一面に、まるで白いバラの花びらでも思わすようなデリケートさ、いわば蒼い燐光にも似た輝きをそなえていた〉（『チャップリン自伝』新潮社）。

パヴロワは、一九三一年に四九歳で亡くなった。

映画評論家・淀川長治は大正一一（一九二二）年、一三歳の時に神戸新開地「聚楽館」でパヴロワのバレエを見た。彼は、チャップリンとの会見記とともに、パヴロワの『とんぼ』『瀕死の白鳥』が如何に素晴らしかったかを目に見えるように生涯語り続けた。

〈見ていて涙をふくハンカチを私は咽喉《のど》につめこむほど涙を落して泣いた〉（『私の舞踊手帖』新書館）。

淀川は、フレッド・アステアと出逢った時「パヴロワを見た」と告げると「なんと幸福な人か」と抱きしめられた。

『瀕死の白鳥』は、短いフィルムが残されているが、これでは彼女の芸術は分からない。チャップリンも〈当時の映画は動きが速すぎたため、彼女の踊りのもつ抒情性はついにとらえることができず、せっかくの偉大な芸術も永久にこの世から消えてしまったというのは、それ自身大きな悲劇だった〉と記す。

先日、『ロパートキナ 孤高の白鳥』（一四）という映画を見た。

『至高のエトワール～パリ・オペラ座に生きて～』（一四）のマレーネ・イヨネスコ監督が撮った、ロシアのマリインスキー・バレエのプリンシパル＝ウリヤーナ・ロパートキナのドキュメンタリー映画である。

彼女の『瀕死の白鳥』の白鳥が死にゆく長い場面を見て、突然、アンナ・パヴロアの芸術を体感したような錯覚が起こった。感動した。ロパートキナの『白鳥』は、現在世界一と称賛されているという。芸術は奥が深いと感じた。

その後、ロパートキナの実際のバレエを大阪フェスティバルホールで見ることが出来たのは幸いだった。


（「戸田学の雑学ノート」、『産経新聞』大阪版夕刊、二〇一六年一月二三日）

テレビ洋画劇場の日本語吹替

往年の名作洋画のBlu-rayやDVDに、かつて地上波民間放送のテレビ洋画劇場での日本語吹替版が収録されていると私などはご機嫌になる。

一九六〇年代後半から各局は、本篇放送の前後に専門家による解説がついた洋画劇場を競って放送した。

NET（テレビ朝日）系『日曜洋画劇場』は、映画評論家・淀川長治の名調子が人気を呼び、「それでは、次週をお楽しみください。さよなら、さよなら、さよなら！」のお別れの挨拶がお馴染みであった。

TBS系『月曜ロードショー』は、硬派の映画評論家・荻昌弘の解説。作品の評価をつらつらと語り、毎年の007シリーズの放送では、ウキウキと弾んだ荻の解説が見られた。

サンテレビの『火曜洋画劇場』は、落語家・露の五郎（五郎兵衛）が短く務めたのち、コアな映画ファンであった俳優の山城新伍が担当した。

時代劇収録で彼のスケジュールが立て込んでいる時には、スタッフは撮影所に赴き、扮装姿のままの映画解説であった。自身が大好きな『荒野の決闘』は度々放送した。

日本テレビ系『水曜ロードショー』は、映画評論家・水野晴郎。『大空港』（七〇）、『風と共に去りぬ』（三九）、『アラビアのロレンス』（六二）、『ゴッドファーザー』（七二）など大作を前後篇で放送した。

「いやあ、映画ってホントいいもんですね。それではまたご一緒に楽しみましょう」と言う水野の映画ファンとしての楽しみ方に親しみが持てた。

フジテレビ系『ゴールデン洋画劇場』は、タレント・前田武彦から変わって長らく務めた俳優・高島忠夫のイメージがある。スティーブ・マックィーンやオードリー・ヘプバーンの作品を好んで放送していた。

大概が一二〇分枠であるが、映画の正味の時間が九一分から九五分といったところ。二時間半枠の延長枠で放送されても正味は一二〇分前後である。

その日本語吹替音声すらきちんと保存されておらず、ソフトに収録されるというのはたいへん貴重なことで、私たちにはノスタルジーがあり、その世代には好評の企画のようである。

ただ、最近の若い人たちには、日本語短縮版のテレビ洋画劇場を知らないので、カットされた部分が急に字幕になる中途半端な日本語版がついている意味を図りかねるらしい。そらそうだと思う。

（「戸田学の雑学ノート」、『産経新聞』大阪版夕刊、二〇一七年六月一七日）

あとがき

本書は、方々に書いた関西の芸能に関する文章で残しておきたいものをセレクションした。必要なものは適時加筆した。

それぞれ主題があって書いているのでエピソードなどで若干重複しているものもあるが、そこはお許し願いたい。

私的な話も混じっているので、場合によっては写真も含め、スクラップブック的な意味合いも出した。

「上方落語史上の人々」は、関西の落語界の歴史的なことを記したものを集めた。

「上方落語の人々」は、現役で活躍している人々を執筆したものを中心に。

「上方漫才と諸芸、文化の人々」は、文字どおり漫才や諸芸に文化、さらには放送や書籍等について書いたものを集めたが、別途、演芸作家の織田正吉先生については、編集者の明石陽介氏の勧めにより書き下ろしした。

「上方の興行史上の人々」は、興行や興行師についての文章。

「大阪、神戸の映画館その他」は、関西の七〇―八〇年代の映画館の風景とその他の映画雑文を収めた。これも上方の芸能分野の一つとして収録してもらった。「映画館補追」は、収録文章以外で少し触れておきたいものを書き下ろしした。

九〇年代以降でも印象に残る映画館はあるが、それらについては他の方に任せたい。

一館だけ――「心斎橋シネマ ドゥ」（一九九七年五月―二〇〇四年一〇月）というミニシアターがあった。心斎橋にあったソニータワー大阪の地下。

地上一〇階、地下二階の縦長のソニータワー大阪は、心斎橋筋商店街を出た長堀通の角に位置した。一九七六年にオープンしたソニーのショールームで、エレベーターで最上階へ行き、エスカレーターで下りながら各フロアーを見てゆく。七〇年大阪万博のパビリオンのようだった。黒川紀章の設計によるらしい。展示されていた六〇分録画のベーターマックスのビデオデッキなどは、当時は夢のようだった。ビデオカセットのソフトな手触りと光沢も良かった。テレビはトリニトロンという青みがかったブラウン管である。

むろん地下の映画館も縦長で朱色基調がデザイン的にもおしゃれで、全体に同色のカーペットも敷かれていた。全席ペアーシート。七四席。映像はプロジェクターで投射するというデジタル上映の先取りで当時のソニーの最先端技術の劇場で、映画館という感じではなかった。

場内が暗くなると同時に、左右の窓のような縦長デザインの壁にカーテンが降りてきたりした。

一度、全面改装された記憶がある。

「シネマ ドゥ」会員というサービスも募集していた。今も会員証がうちにある。


地下鉄御堂筋線心斎橋駅2番出口・クリスタ長堀南10番出口すぐ「心斎橋ソニータワーB1F」

シネマ・ドゥ CINEMA Deux

「シネマ ドゥ」ロゴ

ここではイザベル・アジャーニの映画や二部作全八章あった『ゴダールの映画史』などヨーロッパ系の芸術作品を見た。

この時代はミニシアターが流行っていたのか、大阪日本橋にあった「国名小劇」なんてビルの地下にあった映画館は客席は三六席とか。やはりイザベル・アジャーニの『ポゼッション』（八一）などを見た気がする。

私のこれまでつづってきた上方芸能に関しての執筆は、考えもあってひとまず本書でキリとしたい。

戸田　学

令和六年四月　吉日

カバー写真
右から松福亭松鶴、桂米朝

戸田 学（とだ・まなぶ）
1963年、大阪府堺市生まれ。2004年、よみうりテレビ「第33回上方お笑い大賞・秋田實賞」受賞。現在は映画や芸能を中心にした著述で活動。主な著書に『凡児無法録――「こんな話がおまんねや」漫談家・西條凡児とその時代』（たる出版）、『上方落語の戦後史』、『上方漫才黄金時代』（以上、岩波書店）、『上岡龍太郎 話芸一代』、『話芸の達人――西条凡児・浜村淳・上岡龍太郎』（以上、青土社）、共著に『浜村淳の浜村映画史――名優・名画・名監督』（青土社）、編著に『何はなくとも三木のり平――父の背中越しに見た戦後東京喜劇』（青土社）ほか多数。

随筆 上方芸能ノート
落語・漫才・興行

2024年6月24日　第1刷印刷
2024年7月11日　第1刷発行

著　者　　戸田 学

発行人　　清水一人
発行所　　青土社
東京都千代田区神田神保町1-29　市瀬ビル　〒101-0051
［電話］03-3291-9831（編集）　03-3294-7829（営業）
［振替］00190-7-192955

印刷・製本　　シナノ印刷
本文組版　　フレックスアート

装　幀　　重実生哉

ISBN 978-4-7917-7652-8　Printed in Japan